# Leia o que os outros não conseguem:
## Domine suas habilidades sociais e de comunicação

# Leia o que os outros não conseguem

## Domine suas habilidades sociais e de comunicação

Eu J Nayak

Índia
2023

# CONTEÚDO

Seria maravilhoso se os humanos pudessem compreender o que acontece dentro do nosso cérebro – um dos órgãos mais complexos alguma vez criados – onde grandes ideias e inovações tomam forma. Não seria maravilhoso se até mesmo os cientistas e a tecnologia pudessem desvendar os seus mistérios – um componente integral que não tem substituto equivalente nas máquinas atuais?

Então, o que se passa dentro de nossos cérebros?

Poderíamos argumentar que saber o que as pessoas realmente pensam ajudaria a melhorar as comunicações e a proteger-nos de perigos potenciais. Ler as pessoas pode parecer impossível, mas pode ser crucial para eliminar dúvidas ou fazer julgamentos incorretos em situações cotidianas com colegas de trabalho, estranhos e entes queridos.

O que é necessário para interpretar as pessoas com precisão? Idealmente, diplomas sofisticados proporcionariam conhecimento suficiente do seu funcionamento interno; caso contrário, pode depender de poderes intuitivos herdados dos pais ou de segredos ocultos que precisamos desvendar - acredito que todos os fatores desempenham um papel.

Mesmo com todos os livros já escritos sobre a função cerebral, ler as pessoas com precisão continua impossível. Bons genes ou quaisquer segredos revelados através da pesquisa do Google também não ajudarão; compreender verdadeiramente o funcionamento interno de alguém requer ciência - compreender por que as pessoas pensam o que fazem e reagem como o fazem são as chaves para compreender outro indivíduo.

Decifrar segredos cuidadosamente guardados requer conhecimento, observação e compreensão de eventos, bem como fortes poderes intuitivos para chegar a conclusões precisas. O mais importante, porém, é encontrar a direção adequada e iniciar a jornada!

E este livro resume esse propósito. Ele divide a ciência em partes gerenciáveis para fornecer aos leitores todas as informações necessárias para ler mentes de maneira fácil e interessante. Ao longo de todos os meus anos ensinando técnicas de comunicação eficazes às pessoas, reconheci que informações que não beneficiam diretamente o propósito de alguém podem rapidamente se tornar inúteis - ao mesmo tempo em que sei o que acontece com o lado esquerdo do cérebro ao desenhar um pássaro com a mão direita. pode ser fascinante, torna-se inútil se não for planejado desenhar com ele no futuro.

Portanto, selecionei cuidadosamente informações científicas adaptadas especificamente para o seu propósito de ler a mente de outras pessoas. Evitei terminologia complexa e me apeguei ao que é essencial: descobertas simples com explicações claras.

Mas este é apenas um aspecto da leitura da mente; há muito mais. Existem segredos, autoavaliações, sinais sutis e truques de comunicação que podemos empregar para nos tornarmos um ouvinte mais sintonizado. Eu uso a analogia do sol nascente ao ensinar os alunos a dominar qualquer arte.

Pergunto aos meus alunos a que horas o sol nasce todas as manhãs. Quem acorda cedo tem ideia de quando o sol nasce, comparado a quem dorme tarde; ninguém pode dar um minuto exato, pois ninguém esteve suficientemente motivado ou observador para saber exatamente quando. Então, dou-lhes um exercício - algo que encorajo você a fazer também agora.

Imagine sentar-se na sua varanda todas as manhãs antes do sol nascer e ler um jornal enquanto toma um café - seria fácil saber exatamente quando o sol nasceu? Sua resposta pode ser mais precisa, pois estar presente no momento em que aconteceu dá uma boa compreensão de sua "janela de tempo".

Imagine-se sentado numa varanda virada a nascente, contemplando o local exacto onde o sol nasce, observando como o seu calor tinge o céu com tons dourados no horizonte e depois verifica imediatamente o seu relógio; sua precisão seria incomparável naquele dia específico porque você sabia de onde ela surge e estava focado na tarefa em questão; sua intuição também entraria em ação, permitindo estimativas precisas mesmo sem observação direta - você saberia exatamente quando o sol nasceria, apesar das constantes mudanças de fuso horário!

Agora, se eu perguntasse a uma sala de aula a que horas o sol nasce, aqueles que realmente se comprometeram a descobri-lo dariam a resposta mais precisa. É exatamente assim que funciona a leitura da mente; requer conhecimento, observação e uma apreciação de que cada indivíduo pensa de forma diferente, por isso não existe uma solução "tamanho único" que se aplique.

Compreender todos os fatores envolvidos na observação de alguém requer conhecimento e comprometimento. Você precisa de uma estratégia sólida para orientá-lo na direção certa - é aí que entra este livro - eu lhe forneço tudo que você precisa para se tornar um leitor competente.

Este livro refuta mitos e informações não confiáveis disponíveis online sobre a leitura de pessoas. Por exemplo, ter os braços cruzados pode sinalizar atitude defensiva; mas numa sala fria ou sentado numa cadeira sem braços este comportamento pode dever-se simplesmente a influências ambientais e não a traços de personalidade.

Acreditar ou ler "fatos" aleatórios e sem fundamento é desnecessário e prejudicial; interpretar mal as pessoas é pior do que não conhecê-las! A leitura da mente não envolve espionagem ou intrusão - envolve antes compreender o que alguém realmente quer dizer quando fala ou se comunica conosco; compreender seus pensamentos nos permite tomar consciência de suas emoções ao responder.

O fato é que apenas 7% da comunicação ocorre verbalmente – o restante ocorre de forma não verbal. A leitura da mente envolve compreender o que outra pessoa está vivenciando, conhecendo suas verdadeiras intenções por trás do que está dizendo versus o que não foi dito - algo que este livro altamente informativo e bem pesquisado oferece mais do que apenas uma abordagem teórica para a leitura da mente.

Este livro oferece conhecimento e compreensão direcionados, anedotas de minhas próprias experiências e aprendizado e uma abordagem abrangente e completa que não deixa pedra sobre pedra quando se trata de compreender o mundo não dito. Também examinaremos diferentes tipos de personalidade, motivações e objetivos para que você possa entender exatamente como certos indivíduos pensam, por que eles se comunicam dessa maneira e como você pode alcançar objetivos pessoais por meio de suas mensagens – então vamos começar agora.

O que é leitura da mente? À primeira vista, a leitura da mente pode parecer alguma forma de feitiçaria ou prática antiética para investigar os pensamentos privados das pessoas e causar-lhes estragos; saber que alguém poderia ler sua mente provavelmente causaria alarme, independentemente do seu status de relacionamento com essa pessoa; saber que eles tinham tal poder poderia nos fazer fugir aterrorizados - nunca poderia haver maior superpotência do que saber tudo o que acontece dentro de nossos cérebros! Mas, na realidade, trata-se mais de compreensão do que de invasão.

Ler mentes consiste em criar confiança ao falar com alguém, sabendo que sua mensagem não será mal interpretada ou mal interpretada. A leitura da mente nos permite compreender palavras não ditas e fortalecer a comunicação entre as partes envolvidas – uma habilidade inestimável que lhe permitirá construir conexões mais fortes tanto profissionalmente quanto pessoalmente.

Nossas pessoas favoritas tendem a ser aquelas que nos ouvem com atenção e nos compreendem; pessoas como o pediatra ou o dentista que sabiam quando o nosso "estou bem" não soava muito bem; estranhos nos ônibus que entenderam quando mudamos de peso corporal, abrindo mão de assentos quando necessário.

Estas pessoas ouvem, observam e compreendem as nossas necessidades e emoções com compaixão e compreensão; eles não são intrusivos, mas fornecem um suporte inestimável. Seus poderes incluem saber exatamente o que precisa ser feito, bem como ter as habilidades necessárias para construir relacionamentos de longo prazo através dessa habilidade quase sobre-humana - exatamente o tipo de pessoas com quem secretamente desejamos que fôssemos mais parecidos - não nascendo com essa habilidade, mas tendo feito uma decisão consciente de estar mais atento aos outros ao seu redor.

Os leitores de mentes sabiam quão importante era a comunicação eficaz; eles entenderam que um diálogo eficaz exigia uma escuta profunda e uma compreensão profunda do que era dito além das palavras. Eles prestaram igual atenção ao silêncio, ao tom, à motivação, às intenções dos oradores, bem como a estarem conscientes dos seus ambientes e pessoas, ao mesmo tempo que olharam para além dos preconceitos, julgamentos e limitações para avaliar as conversas, a fim de deduzir verdades ocultas - em troca, ganhar confiança, compreender o respeito como bem como tomar melhores julgamentos e decisões, tanto profissionalmente quanto pessoalmente.

Ler mentes é como ter alguém traduzindo uma língua estrangeira para você. Eles poderiam fazer isso literalmente ou explicar sua motivação por trás de certas palavras de som estrangeiro que foram ditas.

A leitura de pessoas não é apenas mais uma arte ou truque usado para invadir a privacidade de alguém; pelo contrário, é uma arte que respeita as emoções e pensamentos de um indivíduo.

Aprender a ler as pessoas é uma das melhores maneiras de garantir que as conversas fluam sem problemas e ocorram em um círculo completo. As habilidades de leitura da mente eliminarão quaisquer suposições durante as conversas e as substituirão por elementos de compreensão, compaixão e construção de relacionamento. As habilidades de leitura de mentes podem alterar muito as interações em eventos de networking, reuniões no local de trabalho ou ao conhecer alguém que você considera altamente atraente; habilidades de leitura de mentes podem ter um efeito incrível nos resultados das interações entre dois indivíduos.

Ler mentes é uma arte que exige conhecimento profundo sobre como funciona o cérebro humano, estar presente mentalmente, evitar julgamentos e fazer observações - mas o mais importante é que envolve criar a combinação ideal de todos esses requisitos para compreender os pensamentos de outra pessoa, independentemente de quem ela seja. são, sua personalidade ou seu status de relacionamento com eles.

A leitura de mentes é um tópico aprofundado, por isso abordaremos cada faceta individualmente antes de fornecer estratégias sobre como aplicar esses insights para criar o ambiente perfeito para a leitura de mentes!

A Parte Um cobre tudo que você precisa para embarcar nesta jornada de compreensão das pessoas e da comunicação. Descreve o que se pode esperar ao tentar ler as pessoas e os erros ou obstruções que podemos encontrar ao tentar interpretar o que outra pessoa está comunicando; além disso, aborda alguns dos desafios que encontramos hoje numa área de comunicações em constante evolução.

A Parte Dois explora tudo relacionado às nossas mentes. Ele descreve como nosso cérebro funciona e identifica diferenças individuais como genéticas. Além disso, esta parte irá ajudá-lo a entender por que as pessoas se comportam de determinadas maneiras e explorar vários tipos de personalidade – para que você possa ver as pessoas de forma mais objetiva e fazer melhores julgamentos sobre elas.

A Parte Três concentra-se em você e no que você traz para a mesa. Existem dois aspectos principais para compreender alguém: conhecer a sua maneira de pensar e compreender a SUA. Infelizmente, as barreiras mentais muitas vezes nos impedem de compreender alguém adequadamente. Nossa própria tendência de julgar e tirar suposições rapidamente com base em preconceitos pessoais nos impede de compreender os outros corretamente.

A Parte Quatro envolve pegar tudo o que foi aprendido até agora e aplicar esses princípios em prática. Aqui você descobrirá pequenos segredos e estratégias sobre como inferir o verdadeiro significado por trás das palavras, identificar enganos e obter domínio total sobre a mente de outra pessoa.

Escusado será dizer que você está embarcando em um livro completo e em um recurso abrangente para se tornar um leitor de pessoas com nível de oficial de investigação.

Começar qualquer nova jornada requer compreender suas motivações para as ações tomadas e por que determinados comportamentos ocorrem. Você precisa saber por que a leitura da mente é necessária e antecipar quaisquer desafios em seu processo; por que o que está sendo expresso não é traduzido diretamente?

Não muito tempo atrás, a comunicação envolvia sentar-se cara a cara com outra pessoa, com os olhos fechados e ter tempo suficiente para ambos falarem e serem ouvidos. Com o tempo, porém, os métodos de comunicação mudaram consideravelmente - embora novas formas tenham permitido interações globais, elas também reduzem a qualidade das interações devido à multitarefa que ocorre simultaneamente com a conversa entre vocês. Isso significa que as conversas perderam seu valor.

Falta de tempo

Nosso tempo está constantemente em jogo. Embora as tecnologias atuais nos ofereçam algum alívio - as refeições pré-preparadas podem reduzir o horário das refeições a meros segundos por refeição e as reuniões virtuais muitas vezes agendam reuniões em trânsito para economizar tempo - os cafés tornaram-se on-the-go e as comunicações muitas vezes cronometradas em torno de listas de verificação mentais que nós criar em nossas mentes.

Já se foram os dias de comunicação distante que limitavam a interação

Já se foram os dias em que nos comunicávamos pessoalmente ou escrevíamos cartas longas que podiam levar meses para serem enviadas; quando cada palavra contava algo em sua versão final. Hoje em dia, a comunicação assume muitas formas diferentes – o que muitas vezes limita a interação.

Hoje existem inúmeros meios de comunicação com outro indivíduo: e-mails, mensagens de texto, interações nas redes sociais, notas de voz, videochamadas e telefonemas são apenas alguns dos métodos de comunicação à nossa disposição. Encontrar alguém cara a cara foi substituído principalmente por reuniões Zoom ou videochamadas, à medida que os tópicos discutidos foram transferidos para a Internet - a principal desvantagem é que essas formas de conversação digital limitam a experiência geral de diálogo.

As mensagens de texto não nos permitem avaliar com precisão o tom e as expressões faciais de alguém, portanto, responder com respostas de uma palavra pode ser devido ao tédio, desacordo ou distração da comunicação com várias outras partes simultaneamente.

Uma entrevista realizada por telefone limita sua capacidade de entender como um recrutador está recebendo e processando suas respostas. Como não há interação entre você e eles, compreender os outros com precisão pode se tornar cada vez mais desafiador.

Conversadores de mídia social

O anonimato pode ser um poder incrível; permite que você se torne invisivelmente dominante, ao mesmo tempo que lhe dá a capacidade de fazer sua voz ser ouvida sem responsabilidade; dar aos outros acesso a riquezas incalculáveis sem restrições de controles de passaporte é como ter asas sem limitações de onde ou quando você voa.

Limitado apenas pela velocidade de digitação, o anonimato de digitação faz com que você diga coisas que de outra forma nunca diria diretamente a alguém pessoalmente.

Pensamentos aleatórios tornam-se opiniões, que depois se transformam em debates. Você nunca sabe se a pessoa que critica seu penteado realmente não gosta dele ou se ela mesma teve um dia ruim com o cabelo; a sua liberdade de expressão torna impossível compreender como as pessoas pensam e percebem informações específicas.

Comunicações Globais entre Culturas

Já não comunicamos apenas dentro das nossas comunidades locais, agora que os negócios e as relações ultrapassam fronteiras. As culturas misturaram-se à medida que os nossos modos de interacção se espalharam por todo o mundo - o que era considerado um comportamento respeitoso num extremo pode agora ser visto como ofensivo noutro canto. O embarque levará tempo à medida que nos adaptamos e aceitamos estas diferenças uns com os outros, ao mesmo tempo que aprendemos a coexistir e a comunicar de forma mais eficiente através das fronteiras.

Não só devemos superar as barreiras linguísticas, mas muitas vezes pode ser necessário aceitar que a indiferença de outra pessoa ao contato visual pode não ser devida ao tédio, mas sim ao respeito. Com o tempo, devemos desenvolver uma forma mutuamente aceitável de comunicação entre culturas.

À medida que estas comunicações globais se tornam cada vez mais impactantes, os seus efeitos são sentidos mais intensamente em casa; muitas vezes resultando em confusão e choque, em vez da incapacidade das pessoas de compreender os outros.

Há muito tempo, as conversas giravam em torno da caça, da família, dos filhos e da sobrevivência. Embora as conversas se tenham centrado nestes assuntos, agora há muito mais que podemos discutir - desde a banca e investimentos até ao desporto, à tecnologia e até à digitalização, há tantos tópicos e subtópicos que poderiam ser discutidos detalhadamente.

Os interesses nunca foram tão diversos; manter conversas entre eles pode ser um desafio extremamente difícil. Sua mente pode divagar facilmente ao conversar com alguém cujos interesses divergem significativamente dos seus; isso leva à confusão e à má interpretação das ações, tornando a leitura da mente de alguém ainda mais difícil do que antes.

À medida que o nosso mundo muda rapidamente, pode ser um desafio acompanhar o seu rápido avanço e manter conversas significativas e produtivas com as pessoas. Para fazer isso com sucesso e lê-los com precisão, é necessário estar atento a esses fatores enquanto evolui em ritmo igual.

O que é necessário para conseguir um emprego incrível? mes Se dependesse apenas da escolaridade e das notas da faculdade, entrevistas pessoais nem seriam necessárias. Você já recebeu uma oferta depois de simplesmente navegar pelos perfis de potenciais candidatos a empregos no LinkedIn e ficar impressionado com os cargos atuais? Isso é altamente improvável; os diplomas nem sempre indicam se alguém é um candidato ideal.

As empresas se preocupam profundamente com sua mentalidade, seus hábitos e com o quão bem seus pensamentos e valores se alinham com os da empresa - um aspecto que também se transfere para a vida. Por exemplo, ao escolher um parceiro para a vida não se trata apenas de procurar comediantes; em vez disso, você deve encontrar alguém com quem compartilhe uma compreensão semelhante de como o mundo funciona por meios não-verbais, como tocar as mãos.

É verdade que a vida e as pessoas podem muitas vezes ser complexas; ninguém vem com uma resposta fácil quando se trata de comunicação ou relações sociais. Nenhum sinal de alerta que nos alerte sobre mentiras, abusos ou comportamentos de intimidação pode ser sempre visível em sua superfície. Os estudos da natureza humana levaram a muitas revelações notáveis. Existem padrões de comportamento verbal e físico que revelam estas verdades com notável precisão, muitas vezes estudados de perto por profissionais dedicados a compreender este aspecto da nossa existência. Indivíduos em tais funções incluem agentes secretos, psicólogos, investigadores, conselheiros e jurados. O seu estudo dos padrões humanos permite-lhes determinar rapidamente se alguém está a ser honesto, a esconder segredos ou a envolver-se em comportamento criminoso - ajudando-os assim a fazer julgamentos mais sólidos para proteger a si próprios e aos outros de perigos potenciais.

Escusado será dizer que as habilidades de comunicação interpessoal são amplamente negligenciadas na sociedade atual. Portanto, devem ser ensinados em escolas e faculdades, independentemente do programa selecionado pelos alunos; as pessoas que leem também não deveriam se limitar apenas aos estudos psicológicos; profissionais de marketing, médicos, enfermeiros, advogados, recrutadores, esportistas – qualquer profissional que lide com pessoas também deve aprender essa habilidade.

Domínio em Comunicação e Leitura de Pessoas
A leitura de pessoas é uma habilidade subvalorizada que muitas vezes não é apreciada, assim como sua relação com a fala. Nem todos pensam da mesma maneira e falam da mesma maneira - tudo dependendo da educação, do ambiente, das emoções e dos tipos de personalidade que afetam o que dizemos - o que significa que uma pessoa pode dizer uma coisa, mas outra pode interpretá-la de forma completamente diferente; em última análise, tudo se resume a ser capaz de ler as pessoas com precisão suficiente para deduzir com precisão o que cada outra pessoa quer dizer com o que está tentando dizer

Relacionamentos De acordo com Henry Winkler, as suposições são os cupins dos relacionamentos – uma observação que não poderia ser mais verdadeira! Não importa quem envolve; cônjuge, pais, amigos ou irmãos: suposições e mal-entendidos servem frequentemente como os principais catalisadores na criação de conflitos nestas relações; muitas vezes mal interpretado como falta de interesse da parte deles ou uma tentativa de um irmão ou outro de compartilhar uma conquista que está sendo considerada incutida. Muitas vezes, ao longo de nossas vidas diárias, algo que dizemos pode ser retirado totalmente do contexto ou mal interpretado de maneira completamente diferente. por outros - fazendo-nos questionar as suas intenções!

Se ao menos eles entendessem o que realmente queremos dizer, as emoções ou as queixas sinceras não seriam mal interpretadas como distanciamentos e reclamações. Muitas vezes esperamos que relações próximas captem sugestões sutis, humores, mensagens veladas ou insinuações sem que precisemos nos declarar diretamente; não é por isso que a comunicação é uma forma de arte: entender o que os outros querem dizer sem ter que se manifestar?

Às vezes pode ser um desafio ler com precisão os sinais nos relacionamentos. Compreensão, concentração e uma mente consciente são necessárias se quisermos interpretar com precisão esses sinais; uma vez adquirido, pode fazer uma enorme diferença na manutenção de relacionamentos saudáveis. Tínhamos um casal que morava na casa ao lado e acreditava que o marido se contorcia toda vez que mentia para ela; por isso eles frequentemente brigavam!

Cada vez que ela lhe fazia uma pergunta complicada, todos observávamos cuidadosamente seu lábio superior coberto por um bigode impressionante e víamos como ele começava a se contorcer em resposta. Minha impressão naquela época foi: ela sabia exatamente como perceber quando ele estava mentindo! Esta informação não era um bom presságio, pois muitas vezes eles brigavam por isso - até anos depois, quando procuraram terapia, onde aprenderam que ele se contorcia não porque ele estava mentindo, mas sim devido ao nervosismo! Tais suposições causaram muitos danos ao relacionamento deles!

Ler as pessoas com precisão pode ajudá-lo a superar essas suposições, permitindo-lhe compreender melhor os relacionamentos, independentemente de quão bem alguém possa se expressar verbalmente.

Carreira
Se você soubesse que seu chefe não estava enfrentando problemas fora do local de trabalho que atrasavam a conclusão de seu trabalho no prazo, em vez de simplesmente ficar frustrado por tê-lo entregue com atraso, sua abordagem poderia ter sido diferente: oferecendo apoio moral e espaço em vez disso. criticar constantemente os atrasos provavelmente produziria laços emocionais mais fortes com ele ou ela e poderia abrir portas para oportunidades, melhores relações e trabalho em equipe mais eficaz.

A maioria dos empregos envolve trabalhar em equipe para produzir resultados, seja como médicos, professores ou gestores. Não importa a sua especialidade - desde medicina e ensino até funções de gestão - compreender e trabalhar bem com outros profissionais é crucial para realizar o trabalho com eficiência e da melhor forma possível. Os líderes, em particular, devem colaborar com uma ampla variedade de indivíduos - cada um possuindo diferentes talentos, deficiências e reações quando confrontados com desafios ou críticas - ao compreender por que alguém responde daquela maneira, você pode adaptar as respostas de forma adequada e fazer uso otimizado de suas habilidades.

As empresas hoje estão investindo pesadamente na criação de um ambiente de trabalho agradável para seus funcionários, percebendo que os funcionários são o seu maior investimento e devem permanecer satisfeitos e felizes para desempenharem sua capacidade máxima. Os incentivos são cada vez mais oferecidos com maior ênfase na satisfação dos funcionários. As empresas devem respeitar a individualidade de cada funcionário e, ao mesmo tempo, atender às necessidades emocionais; a leitura pode fornecer às empresas uma ferramenta eficaz para conseguir isso. A leitura de pessoas também pode ajudar os funcionários a retê-los, criando uma atmosfera propícia ao bem-estar e à produtividade.

Vida social

As pessoas são essenciais para o nosso bem-estar; eles apoiam o bem-estar emocional, as necessidades básicas e o bem-estar mental geral. Todos os humanos desejam ser ouvidos e compreendidos, por isso as pessoas que proporcionam espaços seguros para que outros façam exatamente isso, muitas vezes atraem as energias certas - imagine falar com alguém que entendeu exatamente o que você estava tentando dizer sem precisar de explicações intermináveis; você provavelmente procuraria essa pessoa em todos os eventos possíveis!

Saúde Mental e Emocional Compreender nossos próprios pensamentos pode ser bastante desafiador; muitas vezes nossas reações decorrem de fontes não relacionadas - a falta de sono pode deixá-lo irritado ou embriagado, enquanto pequenas coisas podem facilmente desencadear nossas reações sem que percebamos por que o fizeram. A inteligência emocional desempenha um papel importante na manutenção do nosso bem-estar emocional e mental, ajudando-nos a reconhecer e compreender as nossas próprias emoções; ler em voz alta acrescenta outro nível de percepção, pois nos permite decifrar mais facilmente as intenções de outras pessoas, como compreender que uma explosão de seu parceiro pode facilmente vir de ter dois anos de idade e ter perdido a sessão de cochilo!

Compreender as pessoas pode ajudá-lo a permanecer calmo e positivo, mesmo em momentos de grandes emoções. Ao distanciar-se de insultos ou ataques que podem parecer dirigidos a você, mas na verdade são causados por outros, a compreensão permitirá que você permaneça positivo mesmo em tempos de turbulência e dificuldade.

Ler as pessoas pode levar tempo e prática, mas vale a pena dominá-lo para criar relacionamentos mais fortes com outras pessoas e com você mesmo. No trabalho, permitirá um trabalho de equipa mais produtivo, enquanto na vida social poderá criar redes de amigos mais fortes, oferecendo-lhes um espaço seguro para compreenderem e comunicarem livremente.

O que nos impede de compreender as pessoas? Embora a leitura da mente palavra por palavra permaneça fora da possibilidade por enquanto, nenhuma inteligência artificial, avanços tecnológicos ou médicos conseguiram decodificar o complexo circuito neural dentro de todos nós - mas algo ainda nos impede de compreender com precisão o que é falado. linguagem?

O que você está impedindo você de ler as pessoas corretamente?

Você está lutando para compreender as pessoas adequadamente? Então, o que impede você de decifrar corretamente o que as pessoas querem dizer com certas ações e palavras? Ler as pessoas deveria ser tão simples quanto compreender as expressões faciais, o tom e o diálogo dos outros, mas isso nem sempre acontece - as mesmas palavras ditas pelas mesmas pessoas em várias ocasiões podem ter significados totalmente diferentes!

Alguém pode dizer "Eu sei o que você quer dizer", mas o tom pode indicar um elogio ou uma crítica.

Às vezes, pode ser fácil captar o tom de alguém; outras vezes pode não ser. Poderíamos interpretar mal o que alguém quer dizer devido a uma série de razões; aqui estão alguns fatores que afetam a forma como interpretamos as pessoas:

Conhecê-los muito bem ou não o suficiente: À medida que seu relacionamento com alguém se fortalece, as expectativas dele em relação a você aumentam proporcionalmente. Nossos entes queridos esperam que entendamos o que eles querem dizer, sem precisar se explicar ou se comunicar de maneira eficaz. "Os olhos deveriam falar" quando você conhece alguém intimamente, mas muitas vezes eles se comunicam mal quando não estão com a mentalidade certa. Há sempre mais por trás de cada olhar do que aparenta; às vezes essa história pode até permanecer desconhecida para você! O que alguém diz ou quer dizer pode variar muito dependendo da sua personalidade, ambiente, pensamentos e outras influências diárias - pode ser difícil saber exatamente por que alguém pode estar de mau humor; pode ser porque o chefe deles lhes causou sofrimento.

Semelhante à interpretação incorreta de palavras e ações de alguém que não conhecemos bem o suficiente, não conhecer alguém o suficiente também pode levar a interpretações incorretas de palavras e ações. Um introvertido não tem nada contra você - eles simplesmente demoram mais para se abrir do que a maioria. Portanto, tentar ler todos em pé de igualdade provavelmente terminará em fracasso.

Ignorar o contexto e focar nos sinais: Evitar contato visual pode indicar que alguém está mentindo; mas também pode sinalizar desinteresse ou baixa autoestima; um dos piores erros que alguém pode cometer ao tentar ler as pessoas é aplicar o que lê sem considerar o contexto e levar todos os aspectos em consideração ao tentar ler alguém. Ao ler pessoas, você deve levar em consideração todos os fatores, em vez de usar apenas informações de um livro como prova contra uma pessoa.

Caindo na cara de pôquer: não faça suposições baseadas apenas na linguagem corporal, palavras ou expressões faciais ao ler as pessoas. Ler pessoas envolve coletar dados sobre indivíduos antes de analisá-los cuidadosamente para formar suposições precisas sobre eles. Por exemplo, não presuma que alguém está nervoso só porque as palmas das mãos estão suadas - procure também outros sinais que indiquem nervosismo semelhante, como inquietação, parecer nervoso ao falar em voz alta, gaguejar ao falar, etc. estão usando muitas camadas e sentindo muito calor por dentro!

Inconsciente de suas emoções: Pode ser que você esteja tão preocupado com o comportamento de outra pessoa que não consegue avaliar como se sente com base em como a outra pessoa age ou em sua própria percepção dela? Talvez seus próprios preconceitos, preconceitos ou compreensão deles estejam impedindo você de ver o quadro geral; para ler as pessoas com precisão, tudo começa com a autoconsciência e a compreensão de como você percebe as pessoas.

Confundir a personalidade ou a situação Comportamento desfasador Existem dois componentes principais que influenciam as ações de alguém - seu ambiente e traços de personalidade. Infelizmente, pode ser um desafio diferenciar os dois quando se comunica com estranhos e conhecidos, levando a avaliações incorretas sobre o que as pessoas estão tentando comunicar. Tirar conclusões precipitadas significa dar-se tempo suficiente para entender se a forma como alguém responde se deve a preferências pessoais ou a forças externas com as quais deve lidar.

Ceder ao preconceito de confirmação: Quando formamos noções preconcebidas sobre alguém e associamos rótulos a essa pessoa em nossa mente, qualquer coisa que ela diga ou faça depois disso serve para fundamentar essas avaliações sobre ela e confirmar nossos próprios pensamentos sobre ela. Ao fazer isso, no entanto, podemos evitar ver o quadro completo e focar no que percebemos ser a realidade.

Ceder ao preconceito de personalidade: Quando achamos alguém atraente, nossas mentes criam uma imagem excessivamente positiva dessa pessoa. Isto também se aplica a pessoas cujos hábitos, hobbies ou escolhas se assemelham aos nossos; nossas opiniões tendem a ser mais favoráveis a alguém por quem nos sentimos atraídos em comparação com alguém diferente do que esperávamos - dificultando assim avaliações precisas sobre quem essa pessoa realmente é.

Influência do seu passado: Se alguém o enganou recentemente, é provável que você esteja mais relutante em confiar no que alguém diz agora. Nossas experiências passadas podem moldar a forma como julgamos as outras pessoas.

Inflexibilidade: Se você tem opiniões fortes sobre algo e alguém discorda delas, podem se formar barreiras mentais que impedem a aceitação e a compreensão mútua de forma plena e objetiva. Por exemplo, se você prefere gastar seu dinheiro com sabedoria e se dedica a estratégias de investimento inteligentes, isso pode levá-lo a julgar negativamente aqueles que gastam sem levar em conta essas questões.

O fato é que todos nós temos noções preconcebidas sobre o que é considerado comportamento aceitável de outras pessoas. Embora seja perfeitamente normal gravitar ou misturar-se com pessoas com ideologias e processos de pensamento semelhantes, nutrir julgamentos fortes de pessoas que não se enquadram nas nossas ideologias pode criar barreiras entre a compreensão de como os outros pensam e se comportam e a compreensão plena dos seus pontos de vista e comportamentos. Para compreender verdadeiramente os outros e aceitar suas diferenças.

O ambiente, a educação e a personalidade desempenham um papel na forma como comunicamos; nosso ambiente, educação e traços de personalidade influenciam nossas palavras, pensamentos e ações. Especialistas em personalidade identificaram características e métodos específicos de comunicação que as pessoas normalmente utilizam: Personlichkeit Assertivo; Agressivo; Passivo-Agressivo

* Manipulativo

À medida que você conhece melhor as pessoas, sua capacidade de identificar seu estilo de comunicação aumenta. Entender por que alguém fala de determinada maneira também aumentará. À primeira vista, os comunicadores passivos tendem a evitar o contato visual e a concordar com tudo o que você diz, portanto, ser capaz de reconhecer seu estilo de comunicação permitirá avaliações mais precisas dos traços de personalidade e dos relacionamentos. Situações e relacionamentos específicos exigem diferentes formas de diálogo. Os estilos de comunicação diferem dependendo de quem está falando; você pode usar estratégias passivo-agressivas ao lidar com pessoas de quem não gosta e métodos mais manipulativos ao falar com estranhos. Compreender esses estilos beneficiará não apenas você, mas também outras pessoas. Então, vamos nos aprofundar para ver como funciona cada estilo de comunicação e identificar estilos semelhantes em outras pessoas.

Estilo de comunicação assertivo

Este estilo de comunicação é amplamente considerado uma das formas mais eficazes. Alguém que utiliza esta abordagem tem convicções firmes e não hesita em partilhá-las; falam com clareza, sem menosprezar as crenças dos outros; respeitar diferentes pontos de vista enquanto expressa livremente os seus; eles exibem alta auto-estima enquanto buscam consenso e compromisso durante as discussões.

Os comunicadores assertivos podem ser facilmente identificados pelo fato de usarem frequentemente o "eu" ao falar. Por exemplo, eles podem dizer coisas como: "Acredito que precisamos apoiar mais os pontos de vista dela" em vez de dizer: "Você deveria ser mais complacente com todos os pontos de vista". Esses indivíduos também tendem a exibir atitudes positivas ao se comunicar.

Abaixo estão alguns sinais reveladores de alguém com um estilo de comunicação assertivo: * Eles expressam com confiança suas necessidades e desejos.

* Eles mantêm contato visual. * Eles não hesitam em dizer não quando apropriado. * Eles permitem que todos tenham oportunidades iguais de contribuir com suas ideias.

* Eles usam declarações "eu".

Para se comunicar de forma eficaz com um orador assertivo, permita que ele expresse seus pensamentos livremente e articule exatamente como se sente quando tem espaço para fazê-lo. Pessoas assertivas tendem a compartilhar seus pontos de vista livremente quando têm essa oportunidade, tornando-os mais fáceis de ler e interpretar do que outros estilos se você achar algo confuso; basta tirar suas dúvidas! Eles ficarão felizes em fornecer todas as respostas!

Estilo de comunicação agressivo

As pessoas que usam esse estilo de comunicação tendem a ser agressivas e hostis. O seu objectivo nas conversas é sempre vencer a todo o custo e muitas vezes acreditam que a sua contribuição para as conversas é muito maior do que as contribuições dos outros participantes. O conteúdo e o contexto tendem a perder-se devido à forma como estas pessoas transmitem as suas mensagens - com comunicadores agressivos frequentemente empregando um tom intimidador e depreciativo quando falam; esses indivíduos podem reagir com mais força contra aqueles com estilos semelhantes, tornando suas interações bastante difíceis de ler, devido a tudo o que dizem ser perdido em sua luta pelo domínio das conversas.

Abaixo estão alguns sinais reveladores de que alguém tem um estilo de comunicação agressivo: * Eles tendem a falar mais que os outros. *Eles frequentemente apontam o dedo. * E por último eles franzem a testa.

*Essas pessoas tendem a intimidar, menosprezar, criticar e ameaçar os outros. Eles também são exigentes e controladores.

* Comunicadores que expressam suas ideias ou pensamentos com tom agressivo tendem a usar afirmações como "porque eu disse!" para afirmar sua autoridade. A principal distinção entre um comunicador assertivo e agressivo é o seu desejo de domínio; um comunicador assertivo prefere liderar em vez de ser dirigido. Ao falar com alguém com estilo agressivo, tente manter a conversa focada e focada no assunto; mesmo que as conversas se desviem, traga-as de volta fazendo avaliações sobre o que estão dizendo, em vez de levar em consideração o tom ao tentar compreender a mensagem.


Estilo de comunicação passiva

Também conhecido como estilo de comunicação submisso, os comunicadores passivos tendem a se concentrar em agradar outras pessoas, evitando conflitos e mantendo as conversas de maneira amigável. Eles não gostam de confrontos e frequentemente respondem concordando ou dizendo sim. Ao contrário do que pode parecer inicialmente, as pessoas com este estilo de comunicação nem sempre estabelecem um diálogo positivo - a sua capacidade ineficaz de transmitir os seus pontos de vista pode levar a muito ressentimento e negatividade ao longo do tempo; os comunicadores passivos acham difícil expressar-se com clareza, enquanto os comunicadores passivos podem até dificultar a leitura, uma vez que dificilmente ouvimos seus pensamentos se expressando abertamente!

Aqui estão alguns sinais de que um indivíduo está envolvido em comunicação passiva:

* Eles raramente fazem contato visual.

* Sua postura é abaixo da média. * Sua atitude tende a ser de "seguir o fluxo".

* Pessoas com esse estilo muitas vezes têm dificuldade em dizer não. Para comunicar eficazmente com pessoas deste estilo, é melhor fazer muitas perguntas e incentivá-las a expressar os seus pontos de vista.

Estilo de comunicação passivo-agressivo

Todo mundo tem seu próprio tom de cinza na comunicação; o estilo de comunicação passivo-agressivo não é exceção. Um amálgama de duas abordagens diferentes às comunicações, abrange o comportamento passivo inicial com a agressão esperando nos bastidores a qualquer sinal de conflito; esses indivíduos podem parecer agradáveis, mas podem abrigar ressentimentos e raiva consideráveis sob a superfície.

O ressentimento muitas vezes se manifesta em fofocas, sarcasmo, comportamento condescendente ou comentários indiretos e observações que expressam frustrações indiretamente. Pessoas com este estilo de comunicação normalmente lidam com problemas não resolvidos e os demonstram indiretamente usando estilos de comunicação passivo-agressivos: * Eles usam o sarcasmo com frequência * Suas palavras não se alinham com suas ações * Eles lutam para reconhecer emoções

* Suas expressões faciais não correspondem ao que estão dizendo.

Eles podem usar frases como: "Não fique chateado! Foi só uma piada!" ou "Não importa o que aconteça; eu não me importo!" e muitas vezes pode parecer passivo-agressivo ou mesquinho ao comunicar suas intenções; tornando-o assim o mais difícil de interpretar, uma vez que a maior parte do que dizem provém de conflitos e questões não resolvidas.

Pessoas que usam o estilo de comunicação manipulativo Pessoas que empregam esse estilo de comunicação confiam no engano e na influência para moldar o resultado das conversas e das ações de outras pessoas com palavras. Muitas vezes, sua fala pode ser difícil de decodificar porque cada palavra que pronunciam parece motivada pelo que esperam obter; as suas verdadeiras intenções muitas vezes permanecem escondidas sob camadas de engano ou manipulações; essas pessoas muitas vezes podem parecer condescendentes e farão o possível até que você concorde com o que dizem.

A seguir estão alguns sinais de que você está falando com alguém com estilo manipulador: * Eles normalmente fazem declarações com grande convicção. * Eles tendem a não responder bem quando confrontados por pontos de vista conflitantes. * Eles prendem seu olhar por mais tempo.

* Eles utilizam gestos com as mãos ao falar.

Ao dialogar com estes oradores, a paciência e a calma devem ser demonstradas em medidas iguais. Tente não reagir emocionalmente permanecendo assertivo, mas firme em suas convicções; não permita que os pontos de vista deles influenciem as suas, mas também não discorde ou eles se isolarão. Os estilos comunicativos revelam muito sobre um indivíduo; é claro que dependem de com quem se está comunicando; prestando muita atenção a esses estilos, você pode adaptar as respostas de forma adequada e obter maior conhecimento sobre como compreender as pessoas de maneira mais completa

A cultura é o resultado da combinação de muitos elementos diferentes: tradições, folclore, rituais, uso da língua, escolhas de estilo de vida e crenças - todos estes contribuem para moldar a forma como comunicamos e nos compreendemos uns aos outros. A cultura não existe apenas geograficamente - duas pessoas numa relação desenvolvem a sua própria cultura distinta ao longo do tempo, à medida que a sua comunicação, uso da língua e rituais a influenciam e moldam ainda mais - tal como diferentes empresas, regiões ou todos os tipos de relações também o fazem!

Ao tentar compreender alguém, você também deve compreender sua cultura. Saber de onde alguém vem; suas crenças e hábitos; bem como quaisquer rituais ou costumes individuais que os tornem especiais são cruciais para desenvolver empatia por esse indivíduo.

Pessoas acostumadas a seguir certas regras e costumes tendem a interagir de forma diferente daquelas com rituais diversos. Alguém habituado a participar em reuniões onde ninguém chega a tempo não apreciará tanto a sua importância, levando-o a acreditar que a sua falta de capacidade de gestão do tempo se deve a questões de disciplina e não à adaptação cultural.

Um indivíduo oriundo de uma cultura caracterizada por determinados estilos, línguas e formas de comunicação provavelmente trará consigo essas influências ao se comunicar com alguém de fora de sua própria cultura.

Como observador que tenta ler as pessoas, você deve prestar muita atenção à sua formação cultural. Tenha em mente que isto inclui não apenas a sua religião e etnia, mas também quaisquer pequenas culturas adicionais que possam ter se desenvolvido devido à pertença a comunidades, organizações ou outras influências específicas.

As comunicações e as culturas são interdependentes. A cultura emerge através de interações entre indivíduos que promovem a comunicação mútua para produzir padrões, leis, regras e rituais que moldam a sociedade como um todo. Nossas comunicações formam a espinha dorsal da cultura que evolui constantemente através de comunicações globais que se tornaram uma necessidade diária.

Pessoas de várias culturas e etnias interagem frequentemente através de diferentes modos.

A cultura hoje abrange muito mais do que simplesmente uma forma de ser e fazer as coisas; dependendo de com quem uma comunidade ou sociedade interage social ou profissionalmente, pode haver várias culturas e rituais dentro desse espaço.

Como tal, ler e compreender as pessoas está a tornar-se mais fácil e mais desafiante em medidas iguais. Para melhor compreender uns aos outros, devemos quebrar suposições e criar espaços que proporcionem espaço para diversas crenças, regras e rituais sob o mesmo teto. No entanto, podem existir desafios específicos enfrentados na comunicação e compreensão de pessoas de diversas culturas, tais como:

As pessoas se comunicam de maneira diferente. Nossos idiomas variam, assim como as palavras e frases que usamos. Mesmo frases aparentemente tão simples como "o que você quiser" podem ter interpretações diferentes entre culturas; o polegar para cima pode ser positivo ou ofensivo, dependendo de a quem foi dado. Da disposição dos assentos às diferenças de distância entre os indivíduos, tudo é entendido de forma diferente entre as nações do mundo.

Nem todos lidam com os conflitos da mesma maneira; alguns podem vê-lo como um meio para chegar a conclusões produtivas, enquanto outros vêem-no como um desafio. Ao comunicar entre culturas, deve ser sensível aos sentimentos das outras pessoas e prestar muita atenção à forma como reagem a acções específicas tomadas por si ou por outras partes envolvidas.

Respeite o espaço pessoal. A Covid-19 pode ter-nos forçado a desenvolver o distanciamento social, mas outras culturas também não aceitam o contacto físico e a proximidade. Ao tentar ler as pessoas com precisão, tenha cuidado com essas especificidades e tente não transgredir o espaço pessoal de ninguém aproximando-se demais ou forçando-se a entrar muito cedo.

Como pessoas que vivem neste mundo tão variado, dependemos uns dos outros para a sobrevivência e a realização. Para satisfazer eficazmente esta necessidade, é vital que tenhamos consideração pelas diferenças e limitações culturais uns dos outros. Você não pode esperar ler alguém com precisão sem primeiro compreender o que moldou suas palavras e ações; o que alguém diz pode refletir todas as suas crenças e experiências de vida - mostrar bondade pode ajudar muito a fortalecer os laços entre todos nós.

Depois de conversar com um amigo, você de repente percebe que ele parou de responder significativamente e apenas acena com a cabeça para tudo o que você diz, sem fornecer muitas informações próprias. Naquele momento, você gostaria de saber ler o humor deles com precisão - algo que exige paciência e compreensão; mas certamente alcançável!

Ler as pessoas pode transformar a forma como você as aborda e vice-versa. Compreender as emoções e necessidades das pessoas permite-lhe responder de forma adequada e aprofundar relacionamentos. Ajustar estilos e tons de comunicação para se conectar mais profundamente com as pessoas. No entanto, em que você deve se concentrar ao tentar ler as pessoas? Compreender por que agem dessa maneira pode fornecer informações sobre a psicologia humana; isso é exatamente o que esta seção abordará!

A Parte Dois concentra-se na compreensão da mente humana através de séculos de pesquisas, descobertas científicas e um exame da natureza humana. Cobrimos diferentes teorias que ajudam a descobrir diferentes tipos de personalidade e necessidades humanas básicas que motivam os padrões de pensamento e comportamentos das pessoas - conhecimento que será inestimável ao lidar com diferentes pessoas de todas as esferas da vida.

Você já considerou o que motiva as pessoas Você já considerou o que motiva os outros e a si mesmo em termos de motivações e desejos diários? Você já determinou suas forças motrizes? Já pensou no que o motiva? O que quer que impulsiona seu impulso, provavelmente também está impulsionando outros.

O que move você na vida?

Compreender esta questão de um milhão de dólares pode fazer uma diferença dramática tanto para si como para as pessoas mais próximas de si – a motivação é a força que mantém tudo firmemente no seu lugar.

Descobrir o que motiva as pessoas é fundamental para compreendê-las, mas isso pode ser difícil porque cada pessoa é diferente. O passado e o presente influenciam seus objetivos que os motivam a seguir em frente na vida, apesar das dificuldades que encontram ao longo do caminho.

Portanto, para compreender plenamente o que motiva as pessoas, é necessário conhecê-las individualmente. Através do encontro direto com pessoas e da conexão íntima, você pode aprender sobre suas experiências passadas, as lutas que superaram, pessoas-chave em suas vidas e quaisquer sonhos ou objetivos que esperam alcançar na vida - informações que lhe permitirão juntar sua personalidade que revela sua força motriz na vida.

Segundo pesquisadores e psicólogos, todas as pessoas nascem com três necessidades universais que as impulsionam:

1. Independência – a motivação para fazer escolhas pessoais – é fundamental, enquanto 2. Proficiência fornece motivação para ser reconhecido por algo.

3. Necessidade de conexão – o desejo de se sentir valorizado pelos outros [3]

Portanto, ao tentar compreender as motivações de mudança de alguém, preste muita atenção aos tópicos que ela aborda na conversa. A sua força motriz é o desejo de controlar os negócios, as finanças e outros aspectos da sua vida; ou o desejo de alcançar cargos mais elevados no trabalho com objetivos de carreira mais competitivos; ou talvez seja simplesmente estar disponível e presente para quem faz parte da sua vida: amigos, colegas ou familiares?

Conversar com eles fornecerá uma indicação do que os motiva. Estes três instintos básicos podem fornecer motivação; no entanto, existem outras forças que também estimulam a motivação dos indivíduos.

Alguns indivíduos valorizam a fama e o poder. Quando você vê pessoas de alto poder, como políticos, proprietários de empresas ou líderes de conselhos sindicais, em cargos como políticos ou membros de conselhos sindicais, eles provavelmente são motivados a subir ainda mais na carreira. Outros encontram motivação assumindo funções de liderança dentro de uma instituição ou país, trazendo mudanças através de iniciativas que melhoram coisas como a prestação de serviços ou a gestão de instalações.

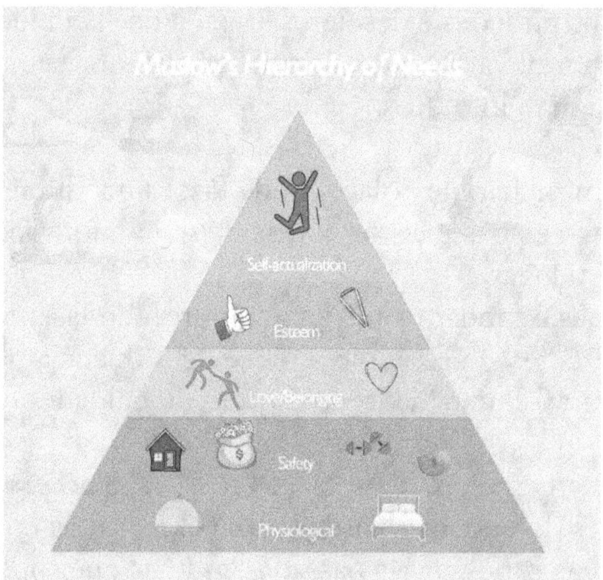


Pode-se ver esse impulso não apenas através de suas falas e ações, mas também na forma como agem. Para se conectar com esse tipo de pessoa, seja direto, factual e lógico. Eles valorizam muito seu tempo; então eles irão respeitá-lo se você respeitar o tempo deles também.

Enquanto alguns indivíduos são movidos por forças externas, outros encontram motivação em fatores intrínsecos como a paixão. Isto pode incluir viajar pelo mundo ou trabalhar em prol de algo que beneficie outras pessoas; os olhos das pessoas brilham quando discutem temas que despertam sua paixão; muitas vezes fazendo sacrifícios de sono, lazer ou saúde por objetivos maiores.

Assim que você se conectar com alguém cuja paixão impulsiona suas ações, construir um vínculo emocional deverá se tornar mais fácil. Compreender as influências das pessoas elimina qualquer suposição sobre a melhor forma de compreendê-las.

Hierarquia de necessidades de Maslow)
Para compreender melhor as mentes e emoções humanas, Abraham Maslow (um psicólogo americano) desenvolveu uma teoria da hierarquia de necessidades que ilustra as necessidades básicas como motivadores de motivação para as pessoas. Esta teoria compreende cinco níveis em sua representação piramidal.

Uma vez satisfeitas as necessidades básicas, concentra-se em atingir níveis adicionais até atingir a satisfação final e atingir o nível mais alto de sua pirâmide.

Maslow acreditava que as pessoas eram motivadas a satisfazer os seus requisitos básicos antes de progredirem para requisitos mais complexos.[4]


Vamos dissecar esses cinco níveis de hierarquia para compreender melhor o que motiva os indivíduos na vida a progredir ainda mais em seus empreendimentos.

Nível I: Necessidades Fisiológicas dos Alunos

Essas necessidades básicas são essenciais para a sobrevivência humana e incluem:
* Água >> comida.4vetement Roupas e abrigo.
* Descansar
Na base da pirâmide estão essas necessidades que determinam a vida ou a morte. Mesmo com relacionamentos fortes e autoconfiança, sem alimento para a sobrevivência, sua existência estaria em perigo - assim como seus relacionamentos, pois suas necessidades básicas permanecem não atendidas, você provavelmente procurará outras fontes para preencher esse vazio - como tentar preencher um buraco quadrado. com pinos redondos!

Nível Dois da Hierarquia de Necessidades de Maslow Uma vez que progredimos na escada de necessidades de Maslow, a segurança e a proteção tornam-se as principais prioridades para aqueles cujas necessidades fisiológicas já foram satisfeitas. Essas necessidades surgem do desejo de controle e ordem na vida e incluem: * Saúde e bem-estar * Estabilidade financeira Inicialmente, essas preocupações podem ter apenas apelo limitado, mas à medida que você avança na pirâmide de Maslow, elas se tornam considerações primordiais, como para pessoas cujas necessidades fisiológicas já fiquei satisfeito
* Protecção contra lesões e acidentes Estas necessidades obrigam os indivíduos a obter um bom emprego com potencial de progressão, a assegurar um seguro de saúde, a contribuir para contas de poupança e a residir em bairros seguros para protecção contra roubo e violência.

Maslow descreve o Nível 3 de sua hierarquia como incluindo as Necessidades de Amor e Pertencimento como segue. Estas necessidades sociais incluem pertencimento, aceitação e amor – necessidades emocionais que correspondem a conexões e afiliações interpessoais, como relacionamentos românticos, amizades, ambientes sociais ou grupos comunitários que satisfazem esses instintos.
* Organizações Religiosas
Sentir-se amado e apreciado pelos outros é fundamental para combater sentimentos de solidão, ansiedade, depressão e tristeza. Os apegos criam o sentimento de

pertencimento à vida, proporcionando um propósito significativo – um vínculo emocional é de vital importância para motivar a conduta humana nesta fase da evolução humana.

À medida que avançamos na hierarquia de necessidades de Maslow, os requisitos tornam-se mais complicados. Nesta fase, as necessidades de estima são os principais motivadores das pessoas – satisfazer o seu desejo de respeito e admiração é o que alimenta tudo! As pessoas dedicam mais tempo e esforços às atividades desportivas, às realizações profissionais, ao sucesso académico ou a qualquer outro meio que contribua para a satisfação dos requisitos de autoestima.

As pessoas nesta fase querem sentir que estão a dar um contributo significativo para a sociedade e que são membros valiosos. A felicidade alcançada significa estar satisfeito consigo mesmo, o que por sua vez fortalece outras pessoas ao seu redor. As influências positivas na vida dos outros tornam-se fontes importantes de validação para tornar a vida de outras pessoas melhor.

Pessoas incapazes de satisfazer este nível de necessidades muitas vezes desenvolvem um complexo de inferioridade e são suscetíveis a problemas de baixa autoestima; como resultado, eles acreditam que não pertencem aos relacionamentos e que outros estariam melhor sem eles. Isso, por sua vez, afeta negativamente as relações interpessoais, pois esses sentimentos de inferioridade tendem a causar danos e, como resultado, prejudicar os vínculos interpessoais.

No entanto, mesmo as necessidades que se situam nos níveis mais elevados podem ainda ter uma influência impactante na qualidade de vida geral.

Nível 5: Necessidades de Autoatualização

Uma vez satisfeitas as necessidades básicas de um indivíduo, ele pode passar a atender às necessidades de autoatualização, explorando seu eu interior e aplicando seus talentos para o crescimento pessoal. Nesse nível, seu objetivo final deve ser alcançar níveis profundos de realização que durarão por toda a vida.

Não existem duas pessoas que tenham a mesma ideia do seu eu ideal, o que influencia as suas ações. Alguns se concentram em ganhar mais dinheiro; outros se esforçam para causar uma boa impressão em campos criativos ou são voluntários em serviços comunitários; outros ainda buscam a realização interior por meio do autodesenvolvimento ou da retribuição. Todos anseiam por alcançar esta satisfação final, mas os contratempos muitas vezes impedem o progresso - vários indivíduos progridem na pirâmide antes de finalmente chegarem a este nível de realização.

Maslow identificou este nível superior como "necessidades de crescimento", enquanto os quatro níveis inferiores como "necessidades deficientes". Ao esforçar-se para satisfazer necessidades deficientes, podem surgir aspectos que levam à privação em vários aspectos, tais como escassez de alimentos, dificuldades financeiras ou sentimentos de isolamento.

Ao subir cada nível na hierarquia de necessidades de Maslow, a infelicidade pode ser eliminada um passo de cada vez.

Pelo contrário, se as suas necessidades de nível cinco não forem satisfeitas, elas não levarão a dificuldades imediatas em termos de alimentação, finanças ou segurança; em vez disso, decorrem do seu desejo de se desenvolver ainda mais como indivíduo e podem ter efeitos profundamente prejudiciais nos seus níveis de felicidade.

A Teoria de Maslow frequentemente se retrata como uma hierarquia rígida; no entanto, muitos observaram que o seu cumprimento não segue uma progressão inabalável baseada nas necessidades individuais de cada um. Por exemplo, alguns podem priorizar as necessidades de auto-estima em detrimento das necessidades de amor e aceitação, ou talvez a realização criativa ofusque completamente até mesmo as necessidades fundamentais; tudo depende das prioridades de um indivíduo.

A Teoria das Necessidades de Maslow fornece cinco necessidades básicas que compreendem a motivação comportamental. Ao compreender em qual degrau da pirâmide um indivíduo cai, você pode compreendê-lo melhor e se comunicar de maneira eficaz.

Chama-se ciência porque compreender algo tão complexo como o comportamento humano requer uma análise cuidadosa da mente e do comportamento. A análise de tais estudos fornece ferramentas não apenas para ter empatia pelas pessoas, mas também para responder adequadamente quando elas parecem zangadas, tristes, felizes ou experimentando qualquer outra emoção.

Você já considerou a Teoria das Quatro Funções Psicológicas de Jung. Você já se perguntou por que algumas pessoas parecem mais à vontade em grandes reuniões sociais, enquanto outras florescem mais quando mantidas em ambientes íntimos menores? Você já se perguntou por que alguns estão sempre prontos para se divertir, enquanto outros desejam uma noite introspectiva com um livro perto da lareira?

Como a energia consciente e os interesses de cada indivíduo fluem em direções diferentes com base em suas experiências psicológicas pessoais e influências ambientais, esta teoria foi apresentada pelo psicanalista e psicólogo suíço Carl Jung. Segundo ele, certas atitudes e funções dominam na personalidade como tendências opostas que determinam o seu tipo de personalidade dominante; essas direções determinam então seu tipo de atitude: introversão ou extroversão.

Jung observou que as atitudes ou funções dominantes tornam-se parte da consciência humana, enquanto o seu oposto representa características inconscientes da personalidade; tais tendências muitas vezes surgem sob estresse ou através de sonhos.

Antes de explorarmos a teoria das quatro funções psicológicas de Jung, vamos dar uma rápida olhada em duas atitudes de personalidade descritas por ele que constituem sua base.

Introversão vs. Extroversão – O colapso das atitudes

A introversão e a extroversão representam extremos opostos de um espectro de atitudes, determinado pela forma como alguém gasta energia. A orientação de uma pessoa em relação a fatores externos também desempenha um papel.

Os introvertidos tendem a retirar sua energia dos objetos e garantir que influências externas não exerçam poder sobre eles; os extrovertidos, por outro lado, tendem a estender a energia na tentativa de formar relacionamentos ativos com esses objetos. Por definição, os introvertidos concentram-se no mundo interior, enquanto os extrovertidos concentram-se mais nos ambientes externos - os psicólogos hoje concordam com a teoria de Jung de que estes temperamentos podem ser transmitidos geneticamente.

A teoria de Jung afirma que tendemos a responder de quatro maneiras distintas com base nas atitudes predominantes de nossa personalidade: Pensamento, Sensação, Intuição e Sentimento.

Ele ainda dividiu essas funções em dois grupos distintos: Racional (pensamento e sensação) e Irracional (intuição e sentimento).

A introversão e a extroversão não podem ser compreendidas isoladamente; em vez disso, devem ser vistos dentro do contexto destas quatro funções para criar uma imagem completa da personalidade de um indivíduo. Esta teoria tenta demonstrar a complexidade da tipologia humana.

A teoria de Jung sustenta que todas as quatro funções podem tornar-se dominantes em momentos diferentes, dependendo das condições externas; no entanto, uma função normalmente se destaca devido a tendências inatas ou fatores de desenvolvimento – é assim que a teoria junguiana as descreve.

Pensamento: Esta forma de avaliação baseia-se em interdependências lógicas e conceituais entre objetos para avaliar a verdade ou falsidade das experiências, analisar a realidade através de interferência e análise lógica e tomar decisões informadas. O processo inclui pensamento sistemático e racional, pois ajuda a compreender a realidade através de interação e investigação sistemática.

Sensação: Esta função representa o valor estético atribuído a uma experiência sem qualquer avaliação ou raciocínio lógico; em vez disso, as sensações são percebidas com base em como as coisas aparecem sem hesitação; qualquer conceito como contexto, significados, implicações ou interpretações alternativas está fora do seu alcance e representa a informação exatamente como aparece aos sentidos.

Intuição: A função intuitiva concentra-se em nosso instinto ou percepção geral de situações, em vez de análise detalhada ou dedução lógica. A intuição fornece orientação através da compreensão das circunstâncias, relacionamentos e possibilidades latentes nas situações, sem provas ou evidências que a sustentem. Adicionar significado aos eventos por meio da leitura intuitiva das situações e, ao mesmo tempo, captar padrões que podem ser menos perceptíveis imediatamente faz parte dessa função.

Sentimento: Sentir é uma função sentimental que envolve avaliar uma situação com base nos preconceitos, gostos e desgostos de alguém. As decisões são tomadas com base em experiências passadas que influenciam os sentimentos sobre situações semelhantes – o que é sempre subjetivo.

A teoria das quatro funções psicológicas de Jung coloca funções racionais e irracionais em extremos opostos do espectro (ou seja, sentimento é pensamento oposto e intuição é sensação oposta), de modo que se a sensação fosse sua função dominante, então a intuição não seria incluída entre suas funções secundárias; em vez disso, o pensamento e o sentimento continuariam a ser decisores activos, envolvidos inconscientemente nos processos de tomada de decisão.

Lógica semelhante se aplica aos traços de personalidade (introversão e extroversão). Se o seu modo de pensamento predominante for introvertido, é provável que o seu modo de sentimento subconsciente seja extrovertido.

As pessoas muitas vezes acham um desafio usar suas funções secundárias de forma eficaz, mas através da prática e da consciência de suas ações você pode elevar essas capacidades subliminares a padrões de pensamento conscientes.

A leitura das pessoas pode ser feita sabendo se suas funções predominantes tendem a ser introvertidas ou extrovertidas, o que você pode inferir por meio de sinais comuns como preferências de socialização, expressividade ou círculo social. Depois que essas informações forem estabelecidas, você poderá prever qual função eles normalmente usam ao tomar decisões.

Desde a década de 1970, os psiquiatras têm usado a teoria da personalidade do Eneagrama para identificar características e traços dos indivíduos. É composto por um diagrama de nove pontos em que cada ponto representa um tipo de personalidade que corresponde a como as pessoas pensam, sentem e agem em relação a si mesmas e aos outros. Existem 27 subtipos dentro de cada ponto, com três centros principais que representam sentimento, ação e pensamento, que influenciam nossos comportamentos em diferentes ambientes, sendo determinados, em última análise, por nossas motivações subjacentes.

O Eneagrama busca caracterizar as pessoas com base em suas motivações, medos e comportamentos dominantes, a fim de compreender melhor a personalidade de um indivíduo. Ao ler pessoas usando a análise do Eneagrama, seus tipos de personalidade fornecem insights mais profundos sobre os pontos fortes e fracos de uma pessoa, bem como sobre como ela se relaciona com a sociedade como um todo. Além disso, o Eneagrama ajuda a compreender as motivações por trás do motivo pelo qual os indivíduos agem dessa maneira.

A teoria do Eneagrama afirma que as pessoas nascem com um tipo de personalidade dominante, mas isso pode mudar devido a experiências e fatores externos. Traços externos e inatos tendem a influenciar-se mutuamente; as características instintivas da personalidade determinam como alguém responde em situações estressantes; o que, por sua vez, molda sua personalidade em ansiedade ou calma.

Este sistema teórico enfatiza ainda mais o facto de que as pessoas não se enquadram perfeitamente numa categoria; em vez disso, suas personalidades são compostas por múltiplas características que combinam tipos básicos, com algumas "asas" adicionais conhecidas como modificadores de temperamento ou asas. Embora as asas tenham alguma influência sobre o temperamento, elas não alteram significativamente os tipos de personalidade dominante; de acordo com esta teoria, os traços básicos tendem a permanecer constantes ao longo do tempo, embora os específicos possam mudar devido a influências externas como hábitos e saúde.

Os indivíduos podem possuir diversos traços de personalidade, destacando-se sempre o tipo dominante como o mais significativo para eles. Um teste de Eneagrama pode ajudar a identificar esses traços de personalidade.

Agora, consideremos: quais são os nove tipos de personalidade encontrados no Eneagrama da personalidade? Vamos examiná-los mais detalhadamente.

Eneagrama Tipo 1 – Reformadores de Princípios As pessoas pertencentes a esse tipo de personalidade são movidas pelo desejo de agir moral e eticamente de maneira correta. Valorizam integridade, princípios, autocontrole e perfeição em todas as áreas da vida. Os Tipo Um tendem a aceitar a si mesmos e às pessoas ao seu redor, enquanto se esforçam pelo autodomínio e pela excelência em todas as esferas de suas vidas. Eles tendem a aceitar a si mesmos e às pessoas próximas a eles, mas às vezes podem se tornar intolerantes e críticos quando suas imperfeições vêm à tona ou fazem com que eles próprios se sintam inadequados ou inadequados.

Os Tipo Um normalmente habitam o centro de ação do Eneagrama, embora sua ação e controle tendam a vir de dentro - por meio de princípios, disciplina e autodisciplina. Esses princípios servem como força orientadora e fazem com que os Uns pareçam organizados e focados na qualidade.

As pessoas pertencentes a esta categoria tendem a possuir um sentido aguçado do que é certo e errado, estabelecendo padrões elevados tanto para si como para as pessoas ao seu redor. Seu diálogo interno geralmente apresenta muitas afirmações do tipo "devo" ou "devo", pois eles mantêm um placar interno contra si mesmos, o que pode levar à expansão e à contração em suas vidas.

Alguns são conhecidos por experimentar ataques frequentes de raiva, embora normalmente a mantenham sob controle. A sua raiva geralmente manifesta-se através de ressentimento ou irritação quando outros se envolvem em comportamento irresponsável ou antiético; em casos extremos, manifesta-se num comportamento passivo-agressivo, onde a sua rigidez física aumenta enquanto se tornam invulgarmente educados, apesar de criticarem os outros e muitas vezes parecem não receptivos às críticas de fontes externas, levando-os ao caminho da frustração e, eventualmente, da raiva.

Os Tipo Um são relativamente raros - de acordo com um estudo com mais de 54.000 entrevistados, apenas 10% constituem os Tipo Um.[6]

Eneagrama Tipo 2 – Ajudantes atenciosos

Os Tipo Dois têm um desejo inerente de se sentirem queridos pelas pessoas ao seu redor, dando grande importância ao cultivo de conexões significativas e generosidade, bondade e altruísmo. Seu objetivo é tornar o mundo um ambiente amoroso, dando apoio e atenção às pessoas mais próximas.

Na melhor das hipóteses, os Tipo Dois podem ser indivíduos afetuosos, afetuosos e generosos que compartilham modéstia e humildade com o mundo. Infelizmente, os Tipos Dois menos saudáveis podem parecer egocêntricos e manipuladores, dando apenas por uma recompensa; sua voz interior lhes diz que só valem a pena se os outros os amarem e precisarem, e isso pode levá-los a se esforçar demais e a dar mais do que o necessário.

Os padrões de ação do Tipo Dois são motivados pelo desejo de desenvolver relacionamentos. Portanto, eles exercem energia e esforço para estabelecer laços estreitos e amizades, atraindo as pessoas com gestos generosos de elogios ou elogios que fazem os outros se sentirem especiais e apreciados. Dois tendem a fornecer excelentes serviços de aconselhamento tão rapidamente quanto respondem quando alguém precisa de ajuda ou sentem que alguém pode prejudicar aqueles de quem gostam.

Os processos de pensamento do Dois são guiados pela consideração e consideração. Eles estão sintonizados com as necessidades dos outros - mesmo aqueles que não têm consciência de seus desejos - o que faz com que seus pensamentos sejam frequentemente consumidos por outras pessoas e como se conectar com elas de maneira significativa. Como resultado, uma parte significativa da energia mental pode ser dedicada à tentativa de conexão.

Dois tendem a sentir grande prazer em se sentirem indispensáveis, o que pode se traduzir em uma auto-estima orgulhosa ou em um senso exagerado de sua própria importância e, em última análise, prejudicar os relacionamentos interpessoais.

Os sentimentos do Tipo Dois tendem a se manifestar externamente como energia calorosa e de apoio. Sua forte empatia os torna hábeis em sentir as emoções dos outros e responder de acordo e, embora geralmente sejam amigáveis com as pessoas, às vezes podem surpreender com sua raiva intensificada ao sentirem que foram ignorados ou tratados injustamente; Dois são assertivos ao proteger aqueles de quem gostam quando percebem que estão sendo tratados injustamente e sentem dor emocional se forem desconsiderados ou ignorados.

O Tipo Dois representa aproximadamente 11 por cento da população, sendo as mulheres mais prevalentes nessa percentagem do que os homens.

Eneagrama Tipo 3 – Empreendedor Competitivo
Os empreendedores competitivos são motivados pelo desejo de se superar e superar conquistas anteriores com outras ainda maiores. Resultados, reconhecimento e eficiência tornam-se de extrema importância aos seus olhos, levando-os a adaptar suas ações de acordo com as circunstâncias para alcançar novos patamares de conquistas.

Na melhor das hipóteses, estes indivíduos podem ser vistos como indivíduos com princípios, trabalhadores e motivados, espalhando integridade e esperança por todo o mundo. No entanto, por vezes, o seu desejo de sucesso pode consumi-los a tal ponto que os afasta de relações importantes na vida - fazendo-os sentir-se particularmente importantes e aumentando o seu sentido de auto-estima através de acções em vez de palavras.

Os executores tendem a agir com planos de ação orientados para objetivos. Sua energia e foco são direcionados para a realização eficiente de tarefas. Muitos pertencentes a esse tipo de personalidade podem facilmente mudar sua personalidade para se adequar a qualquer comportamento, papel ou expectativas que se esperam deles; sua natureza competitiva muitas vezes se manifesta durante atividades recreativas ou no trabalho - indivíduos com esse tipo de personalidade tendem a encontrar atividades ou competições que lhes permitam brilhar mais, enquanto os Três sociais preferem competições em equipe como oportunidades para mostrar qualidades de liderança dentro dos grupos - parecendo enérgicos e confiantes em qualquer momento.

Os padrões de pensamento do Tipo Três dão às suas personalidades um toque otimista. Eles veem os fracassos como oportunidades de aprender, em vez de permitir que eles os impeçam de avançar com seus objetivos. Três tendem a enfatizar informações que apoiam seu ponto de vista, enquanto desconsideram os outros. Seu sucesso reside na capacidade de focar nas coisas certas e tomar decisões calculadas; seu processo de pensamento rápido permite que eles compreendam rapidamente qualquer situação antes de se adaptarem com habilidades adequadas de comunicação e engajamento para fazer as coisas correrem conforme o planejado.

A sua competição surge do desejo de se compararem com os outros e de se julgarem pelo quão bem ou mal se comparam, muitas vezes ficando totalmente imersos no seu trabalho, até que este se torne parte de quem eles são como indivíduo.

Seus padrões de sentimentos permitem que eles se desliguem emocionalmente de qualquer situação e tomem decisões objetivas e racionais. Suas emoções negativas – como estresse, medo e ansiedade – não os consomem, mas ainda assim eles sentem frustração e raiva.

O Três visa evitar irritar as pessoas sempre que possível, se isso puder contribuir de alguma forma para o seu sucesso. Estão conscientes de como as pessoas podem reagir às suas atitudes e ações; embora possam parecer amigáveis por fora, por dentro podem sentir desconfiança dos outros; seu foco está em projetar confiança nos outros, suprimindo assim qualquer coisa que desvie seu foco de fazer isso; outros podem considerar o Três como indiferente ou até sério devido a esse comportamento.

O Tipo Três do Eneagrama está entre os tipos de personalidade mais raros. Dos 54.000 participantes que participaram de um estudo mencionado anteriormente, apenas 11% se identificaram com esse tipo de personalidade; a maioria se identificou como homem.

Eneagrama Tipo 4 – Criativo Intenso
Os Tipo Quatro do Eneagrama são motivados a expressar sua criatividade única por meio de palavras, trabalho ou qualquer outro meio - incluindo a própria linguagem! Como valorizam o individualismo, dão grande importância à autoexpressão e aos sentimentos.

Românticos de coração e admiradores da beleza, os Quatros são verdadeiros criativos no sentido mais verdadeiro. Na melhor das hipóteses, aqueles que pertencem a esta categoria são sensíveis, mas contentes, com um toque autêntico que os torna únicos; na pior das hipóteses, podem parecer temperamentais ou melancólicos por terem consciência de suas falhas e feridas; sua conversa interna envolve a busca de um propósito na vida, expressando-se com autenticidade.

As ações do Tipo Quatro são motivadas pela necessidade de se expressar. Eles prosperam compartilhando experiências profundas com aqueles de quem cuidam, muitas vezes revelando seu artista interior ou usando símbolos. Sua personalidade excêntrica muitas vezes os deixa frustrados e desencantados ao realizar tarefas tediosas que não atendem aos seus desejos.

Quatros tendem a usar declarações como "eu", "me" e "meu", que compartilham experiências pessoais com o público. Embora isso possa parecer egocêntrico a princípio, esta é na verdade a maneira deles de se conectar com outras pessoas e construir relacionamentos.

Seus padrões de pensamento decorrem da necessidade de preencher quaisquer lacunas em sua vida, como pedaços perdidos de si mesmo. Tendem a internalizar informações negativas sobre si próprios, ao mesmo tempo que desconsideram dados positivos - levando-os a internalizar mensagens negativas sobre si próprios, ao mesmo tempo que rejeitam quaisquer notícias positivas, o que, por sua vez, pode desencadear reações sempre que alguém sugere implicações negativas sobre eles. O seu julgamento torna-se obscurecido pelas emoções, uma vez que o seu julgamento depende fortemente das emoções e não da lógica - isto muitas vezes resulta na tomada de decisões tendenciosas devido a este preconceito no julgamento baseado na experiência ou nas ligações emocionais que formam a base para a tomada de decisões importantes.

A natureza introspectiva do Tipo Quatro tende a conduzi-los por um caminho interno de pensamentos que às vezes é profundo demais para seu conforto, conduzindo-os por caminhos de pensamentos negativos que, em última análise, diminuem sua auto-estima e os levam a serem mal compreendidos por outras pessoas.

Os sentimentos do Tipo Quatro são seu maior trunfo; eles os ajudam a se sentir conectados com o mundo e com os outros. Além disso, o Tipo Quatro está perfeitamente consciente das emoções dos outros - muitas vezes mais do que eles próprios! Infelizmente, o Tipo Quatro tende a insistir muito em suas emoções, o que os faz parecer profundos, intensos e temperamentais.

Quatros acreditam que vivenciar suas emoções – sejam tristeza ou felicidade – lhes permite explorar quem eles realmente são. Suas emoções muitas vezes flutuam com as mudanças no mundo ao seu redor, embora a tristeza, a saudade e a perda tendam a ter um impacto mais forte do que a felicidade e possam fazer com que pareçam melancólicos ou distantes da sociedade. Infelizmente, muitas vezes levam as coisas muito a sério e precisam de um pouco de leveza em suas vidas.

Os indivíduos do Tipo Quatro tendem a ser indivíduos únicos que se destacam na multidão com seu estilo e talento individualistas, muitas vezes fazendo com que se destaquem na multidão. [7]

Eneagrama Tipo 5 – Investigador Silencioso

Cincos são conhecidos por sua natureza introspectiva, impulsionada por um desejo interno de descobrir a verdade e compreender os outros para tomar decisões. Ao tentar compreender seu ambiente, os Cincos valorizam muito o conhecimento e a objetividade ao tomar decisões com base no conhecimento objetivo. Cincos também priorizam a independência sobre qualquer outra coisa e permanecem conscientes das economias financeiras, em vez de pedir ajuda ou apoio a outros ao tomar decisões financeiras; além disso, respeitam a privacidade, dando aos outros espaço suficiente para viver.

Outros costumam ver os Cincos como sábios e visionários, com desapegos que permitem conexões significativas com as pessoas. Na pior das hipóteses, Cincos podem parecer inteligentemente arrogantes ou desconectados de suas emoções, pois muitas vezes recuam para estados introspectivos para tentar dar sentido ao mundo ao seu redor.

Cincos concentram suas ações em desfrutar da solidão e da própria companhia, dando grande importância à "privacidade", embora cada indivíduo possa defini-la de forma diferente. Eles usam o tempo sozinhos para recarregar recursos e estabelecer limites com outras pessoas enquanto são independentes - isso geralmente inclui fazer mudanças nas rotinas ou no ambiente para manter a autonomia sem se tornarem dependentes. Estas mudanças podem envolver a adoção de estilos de vida minimalistas ou a acumulação num extremo ou no outro.

Cincos tendem a ser conservadores na forma como utilizam os recursos disponíveis, pois isso pode prejudicar sua independência. Eles podem parecer distantes ou desinteressados até que surja algo de seu interesse - momento em que você os descobrirá sendo altamente receptivos e comunicativos, compartilhando informações com outras pessoas.

O pensamento está no âmago do seu ser, pois acreditam fortemente que o conhecimento é poder. A sua sede de conhecimento leva-os a explorar a informação em profundidade; se algo despertasse seu interesse, eles fariam qualquer coisa para dominá-lo e se estabelecerem como especialistas nesse domínio.

A mente é um espaço sagrado onde eles podem encontrar consolo do resto da vida. Pessoas com esse talento podem organizar informações em vários compartimentos em suas mentes – sejam eventos, datas ou quaisquer outros fatos – a fim de manter o interesse em vários tópicos e, ao mesmo tempo, criar limites claros entre vários aspectos dos relacionamentos e da vida.

Seus estados emocionais são muito influenciados por sua capacidade cerebral, pois tendem a compreender suas emoções intelectualizando e confiando em suas mentes para entendê-las. Infelizmente, isso torna difícil para eles separar sentimentos e pensamentos, o que muitas vezes os deixa exaustos após eventos com grande carga emocional ou projetos em aberto.

Pode-se ficar exausto ao gerenciar continuamente recursos e energia pessoais, mas sua capacidade de se desligar dos sentimentos pode ajudar a administrar a energia de maneira mais eficaz. Ao se desapegarem, eles ganham poder sobre quando revisar ou reviver sentimentos conforme sua conveniência, o que permite um maior processamento emocional conforme sua conveniência. O seu comportamento de distanciamento emocional tem duas funções - permite-lhes controlar as emoções mais facilmente, bem como proteger contra mágoas e dor; infelizmente, esse mecanismo de enfrentamento às vezes faz com que pareçam frios ou distantes dos outros; no entanto, esta estratégia contribui para uma personalidade introspectiva e equilibrada.

Tipo Cinco são tipos de personalidade raros. Uma pesquisa com 54 mil correspondentes revelou que, em média, apenas 10% dos participantes se enquadram nesse tipo de personalidade, sendo mais prevalente entre os homens do que entre as mulheres (14% para os participantes do sexo masculino e 7% para os do sexo feminino).

Eneagrama Tipo 6 – Leais Céticos Seis são movidos por um forte desejo de pertencimento e segurança; isso orienta suas decisões e relacionamentos. Ao buscarem segurança em todas as situações, os Seis valorizam pessoas que demonstram lealdade e ao mesmo tempo são responsáveis; muitas vezes demonstram coragem ao mesmo tempo em que estão profundamente conectados consigo mesmos - dando em troca às pessoas ao seu redor presentes de confiança e devoção. Seis insalubres tendem a se preocupar excessivamente, ao mesmo tempo que deixam o medo diminuir suas defesas, fazendo com que pareçam desconfiados, duvidosos ou ansiosos.

Sua conversa interna lhes diz que o mundo pode ser um lugar inseguro e cruel, portanto, estar preparado e ser leal àqueles de quem você gosta são ingredientes essenciais para a sobrevivência. Eles se esforçam para não temer o que os espera lá fora e permanecem cautelosos, sempre cuidando de si mesmos contra a crueldade.

Os Seis normalmente exibem um de dois padrões de ação. Ou eles exibem medo e comportamento de evitação para evitar situações emocionalmente opressoras ou tentam enfrentar a ansiedade de frente, enfrentando-a de frente. A maioria dos Seis fica em algum lugar entre esses extremos; seu comportamento mudará dependendo das circunstâncias de suas vidas.

Certas pessoas pertencentes a este tipo de personalidade envolvem-se frequentemente em comportamentos de risco para provar a si próprios e aos outros que são corajosos e destemidos, quer isso se manifeste como aventuras arriscadas ou actos verbais contra pessoas com padrões contrafóbicos. O Tipo Seis é conhecido por trabalhar de forma diligente, consistente, com dedicação e consistência, ao mesmo tempo que valoriza muito a responsabilidade, a lealdade e se dedica totalmente a qualquer tarefa que tenha em mãos. Sua admirável ética de trabalho os torna funcionários valiosos, o que deixa outras pessoas confortáveis em entregar projetos a eles.

Seis tendem a evitar problemas quando possível. No entanto, quando confrontados com uma situação desagradável, os seus padrões de pensamento motivam-nos a analisar criticamente ameaças e riscos, a fim de permanecerem sintonizados com o que os rodeia e reconhecerem todos os possíveis desafios e problemas que possam surgir. Embora tenham a capacidade de resolver os seus próprios problemas de forma rápida e eficiente, a sua resposta pode por vezes incluir "sim, mas", o que dificulta a comunicação entre todas as partes envolvidas.

Pessoas com esse tipo de personalidade estão cientes de sua autoridade em seus pensamentos. Embora se sintam protegidos e apoiados por figuras de autoridade, também se preocupam em serem decepcionados ou decepcionados por outras pessoas. Seu processo de pensamento envolve fazer perguntas internas que funcionam como "comitês internos", com muitas emoções não expressas exploradas junto com outras óbvias.

Seus sentimentos muitas vezes giram em torno da ansiedade, pois eles se concentram nos piores cenários nas relações diárias, muitas vezes experimentando pânico ou uma leve preocupação; ou formas mais intensas como terror e pavor. A sua resposta emocional permite um acesso rápido a qualquer momento; mas, infelizmente, isso significa repetir cenários preocupantes em suas mentes, mesmo quando as coisas estão indo bem para eles na vida; tendendo a desconsiderar as emoções positivas enquanto se concentra nas negativas.

Por estarem profundamente sintonizadas com seus sentimentos, muitas pessoas tendem a projetar inconscientemente suas emoções, esperanças, pensamentos e medos nas pessoas que estão à sua frente. As suas próprias dúvidas e inseguranças muitas vezes manifestam-se em comportamentos difíceis que causam problemas aos outros.

Pessoas com personalidades do Tipo Seis podem ser reconhecidas por sua capacidade de se adaptar perfeitamente a qualquer ambiente e sempre se esforçam para apoiar as pessoas mais próximas a elas.

Eneagrama Tipo 7 – Visionário Entusiástico

As pessoas pertencentes ao tipo de personalidade Sete são extremamente entusiasmadas com a vida, sempre motivadas para maximizar o seu aproveitamento, evitando situações conflitantes. Por natureza, os Setes tendem a ser otimistas - sempre em busca de oportunidades que os inspirem na vida e capitalizem essas possibilidades quando disponíveis. Eles vêem a vida como uma aventura que impulsiona a sua espontaneidade e apreciação de tudo ao seu redor; embora outros possam perceber o Setes como calmo quando no "modo presente", pois encontram prazer em atividades espontâneas; devido a essa natureza espontânea, eles podem parecer descomprometidos ou até mesmo desfocados devido ao desejo de adrenalina da vida!

Seus comportamentos se concentram em encontrar maneiras de escapar da rotina e da monotonia em suas vidas, por isso procuram ativamente atividades ou pessoas que acrescentem emoção e aventura. Sem medo de experimentar coisas novas, às vezes abandonam tarefas inacabadas por empreendimentos mais emocionantes.

Setes se esforçam para permanecer ativos e seguir em frente com confiança. A sua energia reside em abraçar todos os desafios com gosto; aquela onda de adrenalina que vem de cada explosão de excitação os mantém fortes. Sob pressão, esse tipo de personalidade pode mudar de planos ou realizar multitarefas para concluir tarefas com sucesso. Os seus corpos podem muitas vezes ultrapassar as suas mentes quando assumem novos empreendimentos - isto significa que os seus altos níveis de energia muitas vezes aparecem como movimento constante ou linguagem corporal ocupada - dando aos outros a impressão de que estão inquietos, mas esta é simplesmente a sua maneira de permanecerem envolvidos!

Os padrões de pensamento do Sevens são impulsionados por uma mente ativa que transita fluidamente entre ideias e conexões sem esforço, engajando-os a explorar o que desperta seu interesse e traz gratificação instantânea. Portanto, seus padrões de pensamento envolvem processamento mental rápido e estimulação combinada. Os Setes tendem a ter muitas opções e não gostam de se sentir restritos em qualquer aspecto; ter opções lhes dá liberdade; seu raciocínio rápido permite que eles adquiram conhecimento em muitos campos, o que incentiva a inovação e a criatividade, pois eles têm muitos dados ao seu alcance para extrair dados.

Além disso, eles gostam de compartilhar suas ideias com outras pessoas, pois isso os mantém inspirados e engajados com a vida. Quando novas informações chegam, eles tendem a compreendê-las rapidamente enquanto descobrem ainda mais ao longo do caminho.

Os Setes tendem a experimentar paisagens emocionais positivas que se manifestam através de personalidades enérgicas e otimistas, levando os outros a verem os Setes como indivíduos otimistas, alegres e entusiasmados. Ao enfrentar emoções negativas como tédio, tristeza, ansiedade ou medo, eles instintivamente procuram maneiras de reverter esses sentimentos negativos rapidamente, de modo a escapar do desconforto mais rapidamente.

A tendência natural do Setes para emoções positivas muitas vezes faz com que eles vejam as experiências negativas com otimismo, enquadrando-as como experiências de aprendizagem ou oportunidades em suas mentes. Infelizmente, esta racionalização torna mais difícil assumir a responsabilidade pelas ações quando as coisas vão mal; mas pelo lado positivo mantém a sua perspectiva positiva e ajuda a manter uma perspectiva optimista da vida.

Setes tendem a proteger muito seu espaço pessoal e não gostam de ser desafiados em relação às suas habilidades. Se você desafiar um Sete, prepare-se para enfrentar a ira dele. Quando confrontado com situações desconfortáveis ou pesadas, o Setes trabalha incansavelmente para aliviar o clima com piadas ou fazer declarações alegres para aliviar tensões e restaurar o equilíbrio, envolvendo-se em anedotas que provocam risos.

O estudo Truity descobriu que o Eneagrama Tipo Sete compreendia 9% dos entrevistados entre 54.000 participantes.[8]

Eneagrama Tipo 8 - Desafiador Ativo Tipo Oito são movidos pela necessidade de parecer fortes e evitar mostrar vulnerabilidade tanto quanto possível, levando-os a serem diretos e impactantes ao lidar com situações em que se encontram envolvidos. isso com franqueza. Oito prospera quando desafiado e é justo em suas negociações, usando seu justo senso de justiça para proteger os outros. Na melhor das hipóteses, o Tipo Oito parece profundamente atencioso, mas forte, mas acessível. Quando o Tipo Oito age de acordo com a realidade, eles nos presenteiam com inocência. No entanto, na pior das hipóteses, o Oito pode parecer agressivo, dominador e lascivo como parte de sua estratégia para parecer maior que a vida em um mundo muitas vezes cruel. Ao controlar as situações, eles acreditam que podem contornar as injustiças com mais facilidade.

Oito reside no coração do Eneagrama. Eles estão em sua essência, agindo com base no instinto, em vez de não fazer nada, muitas vezes manifestados por meio de discurso intenso e direto, escolha de palavras, linguagem corporal e estilo de tomada de decisão. Oito adora assumir o controle e fazer as coisas acontecerem em seus próprios termos; sua independência lhes permite realizar projetos que considerem gratificantes.

Cooperar com os outros não é algo natural para o Tipo Oito; eles fazem isso por obrigação. O Oito se orgulha de manter o controle, muitas vezes microgerenciando os próprios eventos e muitas vezes acaba microgerenciando outros quando necessário. Suas ações rápidas são úteis quando outros ficam sobrecarregados e indisciplinados - eles intervêm rapidamente, assumem o controle e resolvem as coisas com eficiência, sem hesitação ou atraso.

Microgerenciar pode não ser sua atividade preferida, mas os mantém no controle da situação e gera resultados – assim, eles fazem o que for preciso para atingir esse objetivo.

Oito não tolera a incompetência e a fraqueza daqueles por quem assume a responsabilidade, mas é ferozmente protetor daqueles que estão sob sua liderança. Quando alguém de quem eles gostam é tratado injustamente, o Oito lutará incansavelmente para defender a justiça e corrigir quaisquer injustiças cometidas a eles.

Oito tende a categorizar as pessoas como fracas ou fortes e agir de acordo, muitas vezes prestando mais atenção a certos indivíduos com base neste método de avaliação de "tudo ou nada". O Oito tende a favorecer a honestidade em vez da ambiguidade ao lidar com situações conflitantes, preferindo a verdade a permanecer fora do circuito, pois isso os faz sentir-se impotentes diante da situação; equipar-se com o máximo de informações sobre atualizações, progresso ou eventos ajuda o Oito a se concentrar no panorama geral com mais eficiência.

Manter o foco em seus próprios motivos mais do que nos dos outros é fundamental para essas pessoas; eles não gostam de ser forçados a fazer coisas que não gostam ou que consideram chatas, porque isso desperdiça sua energia de forma ineficiente.

Oitos têm padrões emocionais complexos. Eles tendem a ficar com raiva rapidamente e reagir de acordo, mas depois de desabafar sua ira rapidamente, eles rapidamente superam a situação. Como o Tipo Oito procura evitar se sentir vulnerável, eles tendem a não expressar abertamente sentimentos de tristeza ou fraqueza - preferindo, em vez disso, reconhecer esses sentimentos apenas quando seguros - mostrando amor através do poder e da proteção como parte de sua identidade.

O estudo Truity com 54.000 participantes demonstrou que 15% das pessoas se enquadram no Tipo Oito do Eneagrama; essas pessoas eram predominantemente homens.

Eneagrama Tipo 9 – Pacificador Adaptativo

Noves tendem a atuar como mediadores, movidos pelo desejo de criar harmonia ao seu redor. Como tal, esforçam-se por aceitar e acomodar aqueles que os rodeiam, ao mesmo tempo que dão prioridade à pacificação em tudo o que fazem - isto permite-lhes evitar conflitos sempre que possível.

A maior parte do mundo vê os Noves como indivíduos vibrantes, experientes e autoconscientes que se esforçam para realizar ações que beneficiem as pessoas ao seu redor. Na pior das hipóteses, porém, Noves pode parecer teimoso, preguiçoso ou abnegado; isso acontece porque eles acompanham todos para manter a paz, mas depois valorizam as necessidades dos outros em detrimento das suas próprias e criam sentimentos de desconforto para si próprios e para aqueles com quem interagem. No entanto, sua natureza complacente atrai outras pessoas, ao mesmo tempo que faz com que as pessoas se sintam à vontade quando estão em sua presença.

Noves tendem a agir com base em seu desejo de evitar o controle dos outros, manipulando o ambiente ou resistindo passivamente quando algo não parece confortável. As suas acções ou a falta delas serão provavelmente motivadas pela manutenção da paz e da harmonia, uma vez que não podem tolerar conflitos.

O conforto pode ser encontrado através de rotinas e ritmos familiares que consideram intrigantes, enquanto este tipo de personalidade gosta de criar conexões significativas que resultam na fusão de energias de pessoas próximas a eles, muitas vezes manifestando-se através da adoção de hábitos ou interesses daqueles presentes em seus espaços íntimos. .

Os padrões de pensamento do Noves se prestam bem a processos estruturados; portanto, priorizam detalhes e clareza ao abordar tarefas ou criar hábitos ou procedimentos rapidamente. Quando confrontados com grandes volumes de informações, Noves irão rapidamente organizá-las em suas mentes em uma estrutura ordenada para dar sentido a tudo.

Noves tendem a ser obstinados e persistentes, mas tendem a manter suas opiniões para si mesmos, a fim de evitar parecerem autoritários para os outros. Infelizmente, isso os deixa descontentes com alguns aspectos de seus relacionamentos ou de suas vidas.

A sua atitude pode parecer relaxada e equilibrada, mas eles experimentam emoções intensas com grande intensidade, necessitando de esforço da sua parte para controlá-los e parecerem pacíficos, serenos e acessíveis. Suas emoções intensas os motivam a manter a harmonia entre as pessoas porque entendem como os sentimentos influenciam o comportamento.

Embora se destaquem como mediadores pacíficos em situações de conflito, Noves tendem a evitar se envolver diretamente com emoções negativas, como a raiva; tais conexões tendem a drenar sua energia e eles também nem sempre reconhecem esses sentimentos. Portanto, procuram não vivê-los com muita intensidade. Além disso, a maioria dos Noves são empatas que podem sentir emoções daqueles que lhes são próximos, muitas vezes captando a energia compartilhada entre as pessoas se o ambiente ao seu redor for positivo e entusiasmado; inversamente, quando confrontados com indivíduos tristes ou ansiosos, o seu humor também pode diminuir drasticamente.

Os alunos do nono ano representam 13% dos entrevistados no estudo Truity; a maioria dos quais são mulheres.

Os nove tipos de personalidade representados na roda do Eneagrama podem ser divididos em tipos Coração, Cabeça e Corpo. Os tipos de coração consistem dos tipos dois a quatro que dependem da inteligência emocional para navegar pela vida e se conectar com as pessoas ao seu redor; Os tipos de cabeça incluem os tipos cinco a sete que dependem do processamento intelectual de situações; enquanto os tipos de corpo de um a nove utilizam instintos e sentimentos viscerais ao responder em situações.

Pesquisadores ao longo da história exploraram várias metodologias para compreender a personalidade humana. Um desses testes, conhecido como The Big Five Personality Test (OCEAN), usa marcadores de cinco grandes fatores derivados do Pool Internacional de Itens de Personalidade de Goldberg, introduzido em 1992 como um método de análise fatorial para explorar respostas estatísticas de grupos, respondendo a esta pergunta: Qual é a maneira ideal de resumir a personalidade de alguém?"[9]

Embora as variáveis de personalidade não possam ser quantificadas, as respostas categorizam os indivíduos em cinco grandes grupos de acordo com seus traços dominantes: (O-Abertura C-Consciensiosidade D-Extroversão E- Extroversão A- Amabilidade

N - Neuroticismo Ao compreender esses tipos de personalidade, você pode compreender melhor as pessoas, entendendo suas necessidades, construindo conexões significativas por meio de interesses comuns e adaptando seu comportamento de acordo.

Um fator interessante aqui é que essas personalidades podem ser produto tanto da natureza quanto da criação. Os pais podem transmiti-los ou os indivíduos podem desenvolvê-los a partir de como foram criados.

Vamos nos aprofundar nesses traços de personalidade e avaliar se a natureza ou a criação têm maior influência.

Abertura Este traço de personalidade é conhecido por ser receptivo a novos conhecimentos e experiências. As pessoas com classificação mais elevada nesta escala tendem a ser perspicazes e imaginativas, com muitos interesses que variam amplamente; a inovação e a curiosidade também ocupam lugar de destaque neles; por outro lado, aqueles com classificação inferior podem ser mais cautelosos, consistentes e ter dificuldades com processos de pensamento abstratos. Se você quiser avaliar o nível de abertura de alguém em uma escala como esta, tente fazer estas perguntas: Você adora aventura?

Sua imaginação corre solta? Você já iniciou novas atividades antes?

Você está preparado para novos desafios?

Responder "sim" a todas estas perguntas indica elevados níveis de abertura. Pessoas com níveis de abertura tão elevados gostam de ser desafiadas na vida e procuram saídas criativas através das quais se possam expressar criativamente. 57% dos indivíduos possuem hereditariamente essa característica de abertura.

consciensiosidade

As características gerais deste traço de personalidade incluem comportamento orientado para objetivos, consideração e bom controle de impulsos. Pessoas conscienciosas tendem a ser ótimos planejadores e pensam no futuro ao tomar decisões na vida; além disso, eles estão altamente conscientes de como suas ações impactam outras pessoas, bem como dos prazos que podem precisar ser cumpridos.

Pessoas com classificação elevada na escala de consciência tendem a ser atentas, organizadas e eficientes na abordagem às tarefas e aos detalhes. Pessoas com classificação inferior geralmente são descontraídas e relaxadas. Aqui estão algumas perguntas que o ajudarão a avaliar a posição de uma pessoa em termos de consciência:

Você se orgulha de ser autodisciplinado?

Você está organizado e preparado para o que quer que possa surgir? Ou você prefere ser espontâneo? Você gosta de cumprir um cronograma, priorizar tarefas prontamente e prestar atenção aos detalhes imediatamente?

Responder "sim" a essas perguntas indica um alto nível de consciência dentro de um indivíduo, conforme demonstrado pela organização e ordem na vida e nos relacionamentos. A consciência tem 49% de influência hereditária.

Traços extrovertidos podem ser identificados por características como sociabilidade, assertividade, excitação, expressividade emocional e loquacidade. Pessoas que exibem esse traço de personalidade tendem a ser extrovertidas e a prosperar quando participam de reuniões sociais.

Pessoas com pontuação alta na escala extrovertida prosperam por estarem no centro das atenções e por gostarem de estar perto de outras pessoas. Por outro lado, as pessoas com pontuação baixa (introvertidos) consideram as interações sociais exaustivas e gostam mais da solidão do que da companhia de outras pessoas.

Para entender a extroversão em alguém, faça as seguintes perguntas: 8.5 Você sente dificuldade em ser o foco das atenções em reuniões ou em iniciar conversas em ambientes sociais? Você gosta de conhecer novas pessoas e possui um grande círculo de conhecidos ou amigos?

Você tende a expressar as coisas antes de pensar nelas?

Se concordarem com estas questões, terão uma pontuação elevada na escala de extroversão. Se você estiver perto de pessoas com pontuação mais baixa nesta escala, tente não forçá-las a se tornarem extrovertidas, incentivando conversas excessivas ou empurrando-as para reuniões sociais; aqueles com traços de personalidade introvertidos tendem a se aproximar daqueles e lugares que proporcionam nutrição e conforto emocional.

Traços extrovertidos têm 54% de influência hereditária.

Amabilidade

Esta dimensão da personalidade engloba atributos de bondade, confiança, carinho, altruísmo e outras características pró-sociais. Indivíduos com alto nível de agradabilidade tendem a ser compassivos, amigáveis e cooperativos, enquanto aqueles com baixo nível dessa característica podem tornar-se desapegados, analíticos ou competitivos, às vezes até adotando um comportamento manipulador.

Questione os indivíduos para determinar sua posição na escala de agradabilidade: eles confiam facilmente e prontamente estendem segundas chances aos outros, são empáticos, gostam de deixar os outros confortáveis, etc.

Você é apaixonado por fornecer assistência aos necessitados?

Uma resposta afirmativa a estas questões indica uma classificação elevada na escala de agradabilidade. Os indivíduos com pontuação baixa nesta escala muitas vezes não experimentam empatia naturalmente e devem fazer esforços conscientes e mudanças de comportamento para se colocarem no lugar das outras pessoas e reagirem de acordo; 42% dos fatores hereditários desempenham um papel nos traços de agradabilidade.

Neuroticismo São atribuídos a esta dimensão da personalidade traços como mau humor, instabilidade emocional e tristeza. Neuroticismo refere-se a como alguém lida com suas emoções; as pessoas com pontuações altas nesta escala tendem a ser sensíveis, facilmente irritáveis e suscetíveis a alterações de humor; por outro lado, aqueles com pontuação mais baixa tendem a ser emocionalmente seguros, protegidos e resilientes.

Ao fazer essas perguntas, é possível avaliar a posição de alguém na escala de neuroticismo: (Preocupante? Estresse fácil? Mudanças recorrentes de humor)

Você acha difícil lidar com situações estressantes?

Responder afirmativamente a essas perguntas indica alto neuroticismo em uma pessoa. Conhecer seus gatilhos e calmantes será benéfico para manter seu humor sob controle.

O neuroticismo tem um componente hereditário de 48%.

Compreender essas características e como elas influenciam as pessoas é a chave para uma melhor comunicação e determinar a melhor forma de interagir com alguém que está à sua frente.

Teoria do Temperamento do Dr. David Keirsey

David Keirsey, criador educacional e psicólogo, apresentou o Keirsey Temperament Sorter que categoriza os indivíduos em quatro grupos de temperamento com base em padrões de atividade, hábitos de comunicação, atitudes de caráter, talentos e valores - levando em consideração o impacto de cada pessoa no local de trabalho em relação às necessidades pessoais. .

Dr. David Kersey afirma que a personalidade humana pode ser dividida em quatro grandes grupos com base no temperamento. Cada temperamento inclui seu próprio conjunto de pontos fortes, fracos e qualidades que caracterizam suas características. Esses quatro temperamentos incluem:

Artesãos Estas pessoas podem ser facilmente distinguidas das outras pela sua experiência em áreas criativas como artes, literatura e poesia. Suas ações servem como expressão de seu talento artístico, enquanto seu senso de aventura os impulsiona a correr riscos ou às vezes a ser espontâneos.

Os guardiões ocupam uma posição essencial na sociedade, cooperando com aqueles que os rodeiam e seguindo as regras defendidas pelas culturas tradicionais. A sua dedicação é o que ajuda a manter a ordem intacta - constituem 40 a 45% da população.

Pessoas idealistas que se concentram no autocrescimento e na melhoria provavelmente pertencem ao grupo de temperamento idealista, com fortes sentimentos de lealdade para com os outros, motivadas a tomar ações que ajudem os outros e a tomar ativamente medidas que beneficiem a sociedade como um todo. Entre 15-20% da população pertence a esta categoria de temperamento.

Os racionais, conhecidos por seus estilos de pensamento pragmático e lógico, estão entre os tipos de personalidade mais raros e são conhecidos por sua experiência na resolução de problemas. Uma vez que algo captura sua imaginação, entretanto, eles podem ficar tão imersos que se distanciam da realidade e os outros os percebem como estranhos ou distantes.

Apenas 5 a 10% da população se enquadra no grupo de temperamento Racionais. Os conselheiros de carreira frequentemente utilizam o Keirsey Temperament Sorter, pois ajuda as pessoas a se compreenderem melhor e a conduzi-las no caminho de carreira certo.

Todas essas teorias visam compreender a natureza humana, o que motiva os indivíduos e sua resposta a determinadas situações. Com o conhecimento acumulado pelos investigadores ao longo de décadas, somos mais capazes de ler as pessoas e estabelecer ligações entre todos nós.

Como a maioria das pessoas acredita, ouvir não significa ouvir. As pessoas geralmente iniciam conversas na esperança de serem ouvidas ou na esperança de não serem ouvidas - o último caso muitas vezes nos leva a prestar menos atenção ao que a outra pessoa está dizendo do que pretendíamos, com ambas as partes experimentando a nossa falta de interesse como sendo sentida por ambos os lados.

Ouvir atentamente pode mudar o jogo nas conversas e na sua capacidade de compreender as pessoas. Simplesmente prestar atenção ao que as pessoas realmente dizem pode mudar tudo: não há necessidade de adivinhar como alguém pensa; simplesmente ouça com atenção quando alguém fala se quiser dar uma espiada na cabeça de alguém; em vez disso, preste mais atenção quando alguém fala; muitos não escondem seus pensamentos e opiniões atrás de paredes de aço, preferindo, em vez disso, ser abertos sobre quem são e não têm medo de deixá-lo entrar, bastando ouvir com atenção suficiente!

Você não sentirá necessidade de ler a mente de alguém se puder interpretar com precisão suas intenções ao falar.

Carl Rogers e Richard Farson popularizaram o termo "escuta ativa" pela primeira vez em 1957, e sua definição tornou-se amplamente reconhecida ao longo do tempo. A escuta ativa e passiva são duas formas de escuta. Para obter os melhores resultados de escuta, deve-se priorizar a escuta ativa. Para realmente focar em alguém, é preciso priorizar a escuta ativa em vez da passiva.

A escuta ativa requer presença mental, paciência e capacidade de ouvir sem sentir que é preciso falar em resposta. Concentre-se em compreender o que a outra pessoa está comunicando enquanto resiste a qualquer impulso de interrupção. Cada vez que você sentir que tem algo melhor a acrescentar, decida esperar. Cada vez que falamos, perdemos uma oportunidade de crescimento. Ao dar a alguém um espaço seguro para se expressar, você pode obter informações valiosas. Permita que outra pessoa segure sua mão enquanto ela o conduz em um passeio íntimo pela mente dela!

Não há necessidade de adivinhar e ler nas entrelinhas! Deixe a outra pessoa falar sem interrupções ou julgamentos – assim você descobrirá mais sobre ela do que com qualquer outra estratégia!

As pessoas adoram falar sobre si mesmas! Aproveite essa tendência natural, mostrando interesse genuíno e fazendo perguntas investigativas para descobrir todas as informações que possam revelar sobre si mesmos.

Use a linguagem corporal para suporte

Conversar com alguém cujos olhos estão fixos em nada atrás de seu ombro não é agradável nem encorajador, portanto, certifique-se de que sua linguagem corporal reflita seu interesse ao se comunicar. Vire-se para eles, sorria com frequência e acene com a cabeça com frequência, mantendo contato visual - não pareça entediado ou desinteressado, pois isso rapidamente se tornará evidente e será desrespeitoso com eles à medida que aprender mais sobre sua identidade.

Reduzindo Distrações
É essencial que sua mente permaneça livre de distrações. Enquanto outra pessoa estiver falando, resista à vontade de fazer listas mentais ou responder e-mails durante a conversa; estar presente. Qualquer coisa que cause distração deve ser removida: afaste seu telefone da linha direta de visão para que não seja tentado a atendê-lo ou verificar as notificações sempre que ele tocar!

Acene com a cabeça encorajadamente e responda às suas histórias
Certifique-se de acenar com a cabeça de forma encorajadora, inclinar-se para frente e responder adequadamente ao ouvir histórias, para transmitir que você está profundamente investido, sem exagerar, para parecer enérgico. Existem várias maneiras de demonstrar que está ouvindo; aqui estão alguns:
* Responda usando seu corpo. Por exemplo, abrir mais os olhos ou cerrar os punhos pode funcionar como uma pista de que algo está errado - seja choque, surpresa, decepção ou excitação.
* Reafirme sua declaração. Por exemplo, se eles lhe disserem que preferem cenouras a outros vegetais em geral, responda algo como: "Você quer dizer que de todos os vegetais do mundo você prefere cenouras?" Para mostrar que você estava prestando atenção, repita o que a outra pessoa disse em voz alta para que a outra pessoa saiba que você ouviu e entendeu o que ela queria dizer. Isso mostra seu interesse e mostra que você se importa.
* Peça-lhes que repitam. Embora isso possa parecer rude, isso mostra seu respeito por cada palavra que eles compartilham e garante que você não perca nada importante.

Simplesmente ouvir pode ajudá-lo a obter muito mais conhecimento sobre as pessoas do que qualquer outra abordagem poderia. Quando ouvimos alguém falar e fazemos perguntas pertinentes, podemos aprender muito mais do que de outra forma! Mostre interesse genuíno pelos outros e eles abrirão seus jogos cerebrais para você explorar!

Você já saiu para um encontro e ficou pensando no que a outra pessoa estava pensando ou sentindo? Idealmente, haveria sinais para nos informar sobre o andamento da reunião. Bem... existe! A linguagem corporal é um meio inconsciente de transmitir como alguém está se sentindo; interpretar seus sinais adequadamente. Às vezes, esses sinais subconscientes vêm à tona sem saber. A pesquisa da UCLA[12] ilustra este ponto; apenas 7% da comunicação ocorre através do que dizemos (ou seja, palavras), 38% através do tom e 55% através da linguagem corporal - aprender a interpretar estes 55% pode dar uma vantagem na compreensão das pessoas.

Então, da próxima vez que você for a um encontro ou participar de qualquer reunião social, fique atento a estas dicas sutis:

* Olhos sorridentes: Dizem que os olhos são a janela da nossa alma; isso é certamente verdade! Quando as pessoas estão felizes, o seu sorriso pode muitas vezes escapar do esconderijo, apesar das tentativas de ocultá-lo, até que eventualmente a sua pele se enruga ao redor dos olhos, criando pés de galinha - revelando a sua presença! Às vezes, as pessoas sorriem apenas por educação ou para esconder sentimentos verdadeiros - então, se você quiser saber se alguém está sorrindo de verdade, preste atenção nos olhos dela!

*Pernas e braços cruzados: Cruzar as pernas e os braços forma uma barreira física contra quem está diante deles e indica resistência, mesmo quando suas palavras ou sorriso indicam o contrário. A interpretação psicológica sugere que essa linguagem corporal indica alguém emocional, psicológica ou fisicamente distante de tudo o que está diante dele.

* Sobrancelhas levantadas: Quando alguém levanta as sobrancelhas, pode indicar preocupação, medo ou surpresa. É difícil fazer isso em uma conversa casual; experimente criá-los enquanto toma um café com seus amigos e você notará a diferença imediatamente.

* Espelhamento da linguagem corporal: você já encontrou alguém espelhando sua linguagem corporal inclinando a cabeça da mesma maneira ou descruzando as pernas exatamente no mesmo momento que você? Isso mostra que eles estão interessados no que você está dizendo e estão subconscientemente copiando você, sem saber, por respeito; se isso acontecer em um encontro, isso pode ser inestimável!

* Mandíbula Cerrada: Ao se envolver em situações de conflito ou disputa, uma característica que se torna evidente rapidamente é a mandíbula cerrada, a testa franzida ou o pescoço tenso - porque o desconforto desencadeia uma tensão física no corpo que se manifesta em sinais de estresse que causam essa reação.

* Assentir exageradamente: se alguém responde balançando a cabeça repetidamente em resposta ao que você está dizendo, isso não indica que concorda com o que está sendo dito - em vez disso, mostra ansiedade em seu nome e seu desejo de agradá-lo balançando a cabeça de acordo.

Mesmo que você não consiga ler a mente de alguém diretamente, você ainda pode observar sua linguagem corporal e interpretar seus verdadeiros sentimentos. Aprender a psicologia das pessoas é uma jornada de aprendizagem ao longo da vida que só fica melhor com a experiência. Desvendar as motivações por trás de suas ações e correlacioná-las com traços de personalidade fornece insights mais profundos sobre como nossa mente funciona e como você pode desemaranhá-la.

Você já considerou como suas contribuições impactam uma conversa? Compreender as pessoas requer não apenas observar o que os outros fazem, mas também observar as próprias ações. A comunicação é bidirecional; para agir corretamente, você precisa fazer a sua parte, entendendo e alinhando-se com o que a outra parte está comunicando a você.

Ninguém consegue ler as pessoas com precisão se você estiver cheio de preconceitos e crenças que o impedem de ver o quadro completo. Antes de começar a observar os outros, é necessário adquirir um conhecimento profundo de si mesmo – como você age, pensa e percebe as pessoas.

Esta seção explora suas crenças internas para verificar se quaisquer preconceitos, preconceitos ou compreensão limitada da natureza humana estão prejudicando a comunicação ou as percepções dos outros.

Lembra quando Donald Trump tuitou "Sou um gênio muito estável"? A sua resposta atraiu críticas de comediantes e jornalistas por falta de autoconsciência, mas a maioria das pessoas falha nesta área, muitas vezes levando à dificuldade de compreender os outros. Embora possa parecer confuso a princípio, "cada pessoa é o seu espelho", então, para compreender totalmente outro indivíduo, primeiro você precisa compreender-se totalmente! Isso é algo que a maioria das pessoas desconhece!

Isso nos leva à nossa próxima questão (ou seja, como conhecer a si mesmo). Bem, é um processo extenso que envolve ser brutalmente honesto consigo mesmo - às vezes isso pode parecer fácil ou fácil, mas às vezes esse desafio se torna o maior de toda a sua vida! Por exemplo, às vezes a nossa raiva ou explosões emocionais podem parecer justificadas porque outras pessoas as desencadearam; no entanto, é nossa responsabilidade como indivíduos controlar as nossas reações em vez de atribuir-lhes culpa.

Os pontos cegos são definidos como características visíveis para os outros, mas invisíveis para nós mesmos. Uma psicóloga chamada Simine Vazire conduziu um experimento para testar essa teoria.[13] Ele pediu aos participantes que avaliassem a si mesmos e a quatro amigos em vários traços, como inteligência, estabilidade emocional, assertividade e criatividade, para ver quem poderia prever com mais precisão quem previu melhor a personalidade e os traços de cada pessoa: eles próprios ou seus amigos. O objetivo era verificar qual personalidade previa com mais precisão.

Os resultados revelaram que as pessoas estavam mais conscientes da sua própria estabilidade emocional em comparação com a dos seus amigos, como quando falam em público ou como parecem stressadas quando falam em discussões em grupo. Os amigos tiveram uma visão melhor sobre se um candidato assertivo participou ou previu seu desempenho em testes de criatividade ou de QI.

Sua capacidade de compreender sua largura de banda emocional se mostra em sua maior visibilidade para os outros do que seria de outra forma.

Características que são mais visíveis para outras pessoas do que para você podem permanecer misteriosas para você. Cantar em um bar de karaokê exige que você e os ouvintes sejam convencidos de que seu talento existe, mas esses ouvintes podem avaliar melhor seu estilo de canto e alcance vocal.

As pessoas tendem a superestimar sua inteligência, sendo esse padrão mais comumente observado entre os homens do que entre as mulheres. As pessoas também tendem a superestimar o quão generosas realmente são, já que a generosidade é vista como uma característica admirável. As pessoas também acreditam erroneamente que não são tendenciosas ou críticas porque quem admitiria tais afirmações contra si mesmas?

Como você pode limpar essa visão confusa de si mesmo e se ver claramente no espelho? Sempre que um aspecto seu for difícil de aceitar, peça apoio às pessoas mais próximas para segurar um espelho para você. Amigos, pais ou parceiros românticos tendem a ter mais conhecimento de quem você realmente é do que qualquer outra pessoa; no entanto, a impressão deles também pode ficar turva devido ao amor ou aos preconceitos que eles têm contra você.

Seus VITAIS constituem sua personalidade; compreendê-los. Esses incluem:

Valores (V), Interesses (I), Temperamento (T), Atividades e Metas 24 horas por dia (ATC), Missão e Metas de Vida (LMG) são importantes para uma vida bem-sucedida.
S - Habilidades/Fortes

Reconhecer seus valores – como ajudar os outros, ser honesto, ser gentil – constitui a base para tomar decisões importantes na vida e estabelecer metas. Conhecer seus valores ajuda você a seguir em frente quando os tempos ficam difíceis e mantém a motivação alta! Anotá-los em um diário provou motivar ações tomadas em direção à autoconsciência! Conhecendo seus valores!

* Ao tomar decisões, você confia em sentimentos ou fatos? * Como você recarrega suas reservas de energia – extrovertida ou introvertida? * Você planeja tudo meticulosamente ou segue o fluxo? * Os detalhes são mais importantes para você ou as ideias maiores?

Compreender suas respostas a essas perguntas permitirá que você se coloque intuitivamente em situações que promoverão o crescimento, evitando aquelas que o limitam. Quando sua personalidade se alinha com o ambiente ao seu redor, a energia é usada para projetos produtivos, em vez de ser desperdiçada, e você se sente menos exausto do que antes.

Biorritmos ou atividades 24 horas por dia: Aqui, o foco deve estar em seus biorritmos ou atividades 24 horas por dia, por exemplo, quando você experimenta seus níveis máximos de energia: de manhã ou ao meio-dia? Harmonizar-se com sua biologia permite que você programe atividades quando elas darão maior retorno; muitas vezes essas características estão presentes desde o nascimento - é apenas uma questão de reconhecê-las e agir de acordo com elas.

Combinar frequências biológicas com atividades traz experiências gratificantes, tornando a vida muito mais simples quando você não finge ser alguém que não é!

A vida se torna mais feliz e significativa quando entendemos as missões e objetivos de nossa vida. Se não tiver certeza de como fazer isso, pense nos acontecimentos que foram especialmente significativos em sua vida, examinando suas causas: foram pessoas que você conheceu lá ou apenas o sentimento que experimentou? Este exercício pode revelar aspectos ocultos de sua personalidade, bem como descobrir o que impulsiona suas decisões profissionais ou outros aspectos.

Depois de saber para onde deseja chegar na vida, será mais fácil avaliar se você possui as ferramentas ou os pontos fortes necessários para alcançar seus objetivos de vida. Estes podem incluir talentos, habilidades ou competências, bem como pontos fortes de caráter, como inteligência emocional, resiliência e lealdade - e assim por diante.

Reconhecer os próprios pontos fortes e habilidades aumenta a autoconfiança; permanecer inconsciente deles resulta em baixa autoestima.

Para entender melhor seus pontos fortes, fique atento aos elogios, mas seja modesto ao aceitá-los! Por exemplo, se alguém lhe disser que adora sua voz suave, aproveite esta oportunidade para aprimorar esse talento e cantar com mais frequência! Além disso, preste atenção a quaisquer pontos fracos para que não prejudiquem a sua autoconfiança e exijam ações corretivas.

Depois de se tornar mais autoconsciente e compreender a si mesmo (ou seja, seus traços de personalidade, pontos fortes, pontos fracos e gatilhos), você se sentirá fortalecido sabendo que pode usar esse conhecimento não apenas para o autocrescimento, mas também para obter uma visão maior das pessoas ao seu redor. você. Ao conhecer-se melhor você saberá onde os limites precisam ser traçados, bem como quais gatilhos devem ser evitados para não perturbar a paz mental - todas as habilidades essenciais para dar 100 por cento sem se sentir exausto!

Conhecimento é poder; o autoconhecimento pode trazer paz.


Entenda seus preconceitos, preconceitos e limitações

Provavelmente, você já ouviu histórias sobre preconceitos em que alguém foi preterido no emprego ou alvo de aplicação da lei devido à raça, sexo ou nacionalidade. Nossa percepção natural dessas pessoas é que elas são pessoas más por serem tendenciosas em relação a determinados grupos; mas a maioria não percebe que os pesquisadores das ciências do cérebro e da psicologia afirmam que preconceitos e preconceitos tendem a ser processos subconscientes que ainda influenciam as interações com outras pessoas e contribuem para injustiças sociais na sociedade.

Esse comportamento se torna mais óbvio ao interagir com pessoas fora do seu círculo social imediato, mostrando preconceito (preconceitos emocionais), discriminação (preconceitos comportamentais) e estereótipos (preconceitos cognitivos). Tais preconceitos podem ser inconscientes (ou seja, automáticos e ambivalentes); também podem ter sido fomentadas pela sociedade em geral; a educação tem uma influência enorme. Você pode desenvolver a consciência do seu pensamento inconsciente, bem como identificar como ele o influencia no dia a dia.

Como se formam os preconceitos e preconceitos e o que pode ser feito a respeito deles? Ao considerar estas questões, deve-se primeiro concentrar-se na origem dos preconceitos e preconceitos e, em seguida, nas formas de mitigar os seus efeitos. Nossas mentes tendem a categorizar e separar as informações em seções separadas, o que leva a esse comportamento. Quando você forma associações em circunstâncias sociais, armazenando, processando e aplicando conhecimento sobre outras pessoas, conhecido como Cognição Social; preconceitos implícitos surgem à medida que o nosso cérebro procura padrões para estabelecer conexões - algo que nos leva de volta aos preconceitos implícitos!

Os preconceitos implícitos resultam da tendência do nosso cérebro de tomar atalhos num esforço para simplificar a vida. Como a sobrecarga de informações pode tornar o processamento de dados complicado e demorado, os atalhos mentais nos permitem examinar tudo mais rapidamente e descobrir quais informações pertencem.

Embora mudar os preconceitos e preconceitos de outras pessoas seja um desafio, ao identificar as suas preferências pessoais você pode ajudar a diminuí-las e ajudar outros a compreender como os seus preconceitos influenciam o seu julgamento e ações em relação aos outros.

Vamos começar pela fundação. Em primeiro lugar, reconheça que cada pessoa é um indivíduo com qualidades, pontos fortes e fracos individuais que não podem ser categorizados. Portanto, gaste tempo conhecendo as pessoas em um nível íntimo e evite categorizar ou estereotipar as pessoas com base em estereótipos ou preconceitos. Se a sua reação em relação a alguém surgir devido a alguém, mude seu comportamento imediatamente para remover tais crenças prejudiciais; embora às vezes as respostas possam vir rapidamente; reserve algum tempo depois de agir para refletir e considerar outras opções antes de agir novamente de determinada maneira.

A mudança de perspectiva também é fundamental para mudar a mentalidade. Ao ver as coisas da perspectiva dos outros, você se coloca no lugar deles e ajuda a entender de onde eles vêm, como pensam e suas experiências. Fazer isso também pode inspirar empatia dentro de você - quando esse sentimento surgir, você naturalmente pensará duas vezes antes de julgá-los.

Envolver-se com novas culturas, etnias e raças também é benéfico para ampliar sua perspectiva. Ao dedicar mais tempo e atenção às pessoas desses grupos, você sentirá um sentimento instantâneo de pertencimento que evita que qualquer preconceito se desenvolva contra elas.

Além do yoga e da meditação, as práticas de atenção plena, como a respiração focada ou a meditação focada no yoga, também permitem que os indivíduos se tornem autoconscientes e assumam o controle de seus pensamentos e ações.

Preconceitos, preconceitos e limitações pessoais podem ser problemáticos porque impedem que você veja as pessoas além de uma caixa específica – o que, por sua vez, leva a uma compreensão incorreta delas. Mas pelo lado positivo, ter uma mente aberta e estar consciente destas restrições permitir-lhe-á trabalhar no sentido de eliminá-las ou pelo menos diminuí-las - isto não só melhorará a sua leitura das pessoas, mas também ampliará ainda mais a sua mente e encorajará o desenvolvimento pessoal.

Você já se viu em um impasse, sem saber qual direção tomar? Depois de fazer listas exaustivas de prós e contras das várias opções disponíveis, não houve nenhum progresso na tomada de decisão? Cada opção apresenta obstáculos diferentes, deixando você sem saber qual a melhor forma de seguir em frente.

Nessas circunstâncias, é importante fazer um inventário honesto de si mesmo e identificar seus verdadeiros desejos. Mas se esse processo não ocorrer naturalmente para você e a pressão fizer com que você aja impulsivamente ou obedeça a um comportamento que agrada as pessoas, os resultados podem ser devastadores!

A intuição pode ser sua amiga em momentos difíceis. Alguns chamam isso de intuição; outros referem-se a isso como seu pressentimento ou voz interior ou palpite; não importa o nome que use, a intuição irá guiá-lo pelos caminhos difíceis da vida, informando quando a decisão está alinhada com o seu coração.

No entanto, muitas pessoas acham difícil reconhecer sua intuição. Isso ocorre porque nossos obstáculos internos muitas vezes atrapalham, como pensar demais, buscar aprovação, preconceitos implícitos do que deveria ser e traumas do passado que nos impedem de aproveitá-los. Superar esses obstáculos requer autoconsciência e capacidade de identificar o que está motivando suas decisões; quando isso é alcançado, um forte pensamento intuitivo leva a decisões que nos beneficiam como indivíduos e tomamos cuidado na escolha de decisões que nos servem bem.

Pessoas conhecidas como Henry Ford são ótimos exemplos de quem confia na intuição. Um desses indivíduos ocorreu em 1914, quando Henry Ford enfrentou uma demanda decrescente e uma alta rotatividade em sua empresa. Em vez de seguir os conselhos convencionais e aumentar os salários dos funcionários em 50%, ele tomou uma medida ousada e duplicou-os, levando a uma diminuição das taxas de rotatividade e a mais trabalhadores a comprarem carros para si próprios e, eventualmente, a um aumento da procura.

Albert Einstein foi outro cientista notável que desconsiderou as teorias tradicionais da física devido à sua intuição. Ele admitiu que acreditava em inspirações e intuições e sentia-se confiante de que estava certo, apesar de não ter certeza. Quando cientistas financiados pela Royal Academy realizaram experiências para testar a teoria da relatividade de Einstein, ele teve a certeza do seu sucesso - não foi surpresa quando um eclipse em 29 de Maio de 1919 provou a sua teoria!

Paul McCartney confiou muito na intuição ao criar "Yesterday". Segundo ele, sonhava em escrever algo que se tornaria imensamente popular, mas tinha medo de que seu conteúdo fosse diferente do esperado. No entanto, ele ainda confiava em si mesmo e na intuição que, em última análise, o levou ao sucesso e ao que ele considerava "a experiência mais mágica".

Então, o que exatamente é intuição? Um ponto-chave sobre a intuição que deve ser lembrado é que lhe falta lógica; em vez disso, depende de instintos emocionais, experiências ou outros fatores para tomar decisões. Além disso, a intuição pode ser dividida em três categorias diferentes.

* Insight e coerência: Esta área está relacionada à inteligência (QI) e envolve perceber algo sem compreender sua origem.

A intuição subjetiva refere-se a ter a ilusão de saber algo, frequentemente usada por pessoas intelectualmente curiosas e que resolvem quebra-cabeças. * Aprendizagem implícita refere-se a saber algo através da captação de padrões cognitivos.

A intuição depende da correspondência de padrões de experiências passadas com aqueles de situações presentes, com informações processadas consciente e subconscientemente pelo seu cérebro. Sua intuição então extrai esses pensamentos e padrões da parte inconsciente do cérebro e os aplica diretamente no cenário atual – isso faz com que as decisões sejam tomadas de forma mais rápida e decisiva.

As habilidades preditivas do cérebro entram em ação ao combinar ou incompatibilidade com o conhecimento oculto que não atingiu a consciência com as experiências atuais.

Por que transformamos isso em uma palestra sobre intuição? Simplesmente porque, depois de compreender seu funcionamento e seu efeito na tomada de decisões, você poderá diferenciá-lo das respostas emocionais induzidas pelo medo e utilizar seus insights para tomar decisões de vida mais eficazes.

Você não apenas pode identificar sua intuição, mas também fortalecê-la ainda mais por meio de vários exercícios.

A introspecção deliberada ajuda a aumentar a autoconsciência e a reconhecer suas prioridades. Indivíduos que se envolvem regularmente na introspecção exploram seus sentimentos, onde eles os afetam e onde residem suas respostas emocionais. Pessoas que fazem introspecção regularmente não temem sentir suas emoções; em vez disso, eles adquirem o hábito de perguntar "Como estou me sentindo em relação a isso?" para identificar e confiar em suas emoções.

Indivíduos altamente intuitivos são conhecidos por serem abertos e honestos consigo mesmos, sem se esconderem atrás de uma fachada assumida, refletindo sobre suas necessidades e desejos, em vez de serem apanhados por "deveria ter". Sua perspectiva é impulsionada por valores que ajudam a manter o equilíbrio dentro de si e mantêm a intuição sob controle.

Recarregando suas energias, eles buscam a solidão de vez em quando para se recarregarem e refletirem interiormente. A solidão pode vir na forma de caminhadas tranquilas por parques e florestas, tomando café ao lado de uma fogueira ou sentado à beira-mar observando o pôr do sol - qualquer atividade que lhes permita ouvir sua voz interior e ao mesmo tempo dar-lhes espaço para respirar.

A empatia é outra característica comumente encontrada entre pessoas intuitivas. Sua capacidade de se colocar no lugar de outras pessoas e sentir como alguém pode vivenciar um evento faz deles a pessoa certa para muitos outros. Sua intuição os deixa curiosos para entender o quão próximos se sentem; não por curiosidade, mas por querer estabelecer laços fortes entre os indivíduos; quanto mais um empata intuitivo conhece alguém, mais fácil se torna para ele prever o humor dessa pessoa e descobrir suas necessidades e emoções. Seus sentidos captam sinais como linguagem corporal e interações sociais que os ajudam a entender com mais precisão o que os indivíduos precisam daqueles ao seu redor em termos de linguagem corporal ou interações sociais que ajudam a conectar pontos para entender o que cada outra pessoa precisa deles e compreender. o que as pessoas precisam dos outros em termos de linguagem corporal ou interações sociais, o que ajuda os empatas intuitivos a perceber o que cada outra pessoa também precisa deles.

A intuição pode ser um recurso poderoso que pode ajudá-lo a escapar de situações prejudiciais e orientá-lo em direção àquelas que trarão maior realização. Com suas respostas instantâneas e capacidade de abertura de capacidade mental, a intuição nos ajuda a tomar decisões rápidas e informadas. Reconheça situações em que a intuição surge mais prontamente para que você possa aproveitar esse recurso de forma mais completa. Recrie esses momentos para maximizar seu poder.

Viver na sociedade atual molda as nossas ações, pensamentos e personalidades de muitas maneiras; permanecer fiel a si mesmo enquanto navega nesta vida pode ser um desafio; no entanto, ser autêntico ajuda a desbloquear todo o seu potencial e a realizar todo o seu potencial.

Quando alguém lhe pergunta como você está, como você deve responder? Você está inclinado a presumir que eles não se importam muito e dar uma resposta falsa, como "Estou bem"? Ou você deveria responder honestamente como está realmente se sentindo? A maioria das pessoas escolhe a última abordagem, pois revelar o verdadeiro estado de alguém levará a novas conversas sobre si mesmas, que muitos preferem evitar.

Idealisticamente, as pessoas não teriam medo de se expressar livremente e usar máscaras em vez de se isolarem dos outros. Infelizmente, porém, quando continuamos usando nossas máscaras por muito tempo, elas se tornam difíceis de tirar, fazendo com que nos tornemos alguém que não somos e mesmo quando sozinhos começamos a pensar em como os outros nos veem e no que os outros podem pensar de nós.

Svend Brinkman, um psicólogo dinamarquês, observou que as pessoas muitas vezes esperam que elas mesmas e os outros pareçam sempre felizes e positivos; no entanto, isso pode ter efeitos colaterais negativos. Embora ser positivo possa ser positivo por si só, parecer feliz em todos os momentos pode envolver esconder seus verdadeiros sentimentos para agradar os outros, parecendo positivo[14].

Ninguém consegue permanecer feliz e otimista o tempo todo. Ao fingir que tudo está bem quando você não está, você deixa de ser assertivo e começa a se afastar de quem você realmente é. O reconhecimento das emoções negativas estimula a reflexão sobre o que as causou e os acontecimentos que podem ter contribuído para a sua manifestação; uma vez encontrado, devem ser feitos esforços para resolvê-lo; simplesmente manter os problemas ocultos apenas aumentará sua gravidade com o tempo e se tornará incontrolável.

Como você pode começar o caminho para se tornar seu verdadeiro eu?

Aprenda a ser vulnerável

Ser verdadeiro consigo mesmo significa ser capaz de pedir o que você precisa e expressá-lo verbalmente. Expressar sentimentos por meio da fala nos permite articular nossas necessidades e desejos, como dizer a alguém "está tudo bem não estar bem". Ignorar um aspecto seu pode significar suprimir outra parte; ser o seu verdadeiro eu significa aceitar todas as partes de você - tanto as partes necessitadas quanto as autossuficientes!

A vulnerabilidade dá aos outros menos poder para destacar suas falhas ou fraquezas; uma vez cientes, outros não poderão usá-los contra você.

Reserve algum tempo para observar como você age quando não há ninguém por perto; que ações agradam aos outros ou a você mesmo? Tornar-se o que você tem de melhor e autêntico não depende de ser bem-sucedido ou de ter status elevado; em vez disso, envolve desenvolver o caráter por meio de como você se comporta quando não há ninguém presente.

Para alcançar a vida que deseja, é fundamental que você seja fiel a quem deseja ser. Muitos adotam uma abordagem de "fingir até conseguir" na vida, mas isso pode se tornar um desafio se faltarem paixão e vontade de viver autenticamente. Um caráter forte ajuda a desenvolver a resiliência que nos permite chegar mais facilmente aos destinos desejados.

Caráter é definido pela forma como você reage em qualquer situação, em vez de se tornar uma vítima do que acontece com você. Fazer a coisa certa diante de obstáculos faz parte desse conceito; outro aspecto envolve fazer esforços para superá-los, a fim de provar aos outros que você pode resistir a tudo o que surgir no seu caminho. Assumir o controle de sua vida significa não se desculpar em relação às escolhas e ações tomadas, permanecer otimista mesmo em momentos de dificuldades e tornar-se o que você tem de melhor para criar a vida que você imagina para si mesmo.

Mas como você identifica o que você realmente deseja? Infelizmente, o sucesso, o status ou a riqueza nem sempre trazem felicidade ou satisfação – nosso desejo por objetivos materialistas vem de não acreditarmos que somos suficientes.

A necessidade dos humanos de se sentirem "suficientes" como são é o que motiva muitos deles a comprar coisas caras e jantar em restaurantes luxuosos. Seu ego começa a lhe dizer para ser alguém que você não é apenas para provar seu valor aos outros; mas isso não reflete uma verdadeira compreensão do valor próprio.

O ego pode suprimir o nosso eu autêntico com a sua busca incansável por valor e amor próprio, de modo que, como forma de preencher esse vazio, nós o alimentamos buscando riqueza ou status.

Reconhecer que você é o suficiente sem todos os detalhes materialistas é a chave para perceber quem você realmente é e criar a vida que você imagina para si mesmo. Ao acreditar profundamente nisso, você pode se conectar com quem você realmente é e moldar uma existência plena para si mesmo.

Ao aceitar e reconhecer quem você realmente é, você envia o sinal de que está pronto para embarcar no caminho que o universo lhe propôs, superar quaisquer desafios no caminho e emergir como uma pessoa feliz e contente.


Estamos lendo (julgando) com muita dificuldade? Alguns dias atrás, enquanto esperava na fila para entrar na minha academia para minha sessão noturna de treino, ouvi duas mulheres discutindo sobre outro membro da academia que elas conheciam como "gorda ** Judie". Um deles disse algo como: "Será que ela está aqui esta noite…".

"Sim, lá está ela. Jesus, ela é um cérebro de ervilha."

Quando chegou a sua vez, as duas mulheres entraram no ginásio rindo de Judie como diversão. Eram mulheres adultas cuja fonte de entretenimento consistia em criticar alguém que lidava com os problemas de uma forma diferente da sua.

Acontecimentos como estes servem para nos lembrar que o julgamento é uma emoção desagradável. Infelizmente, o julgamento muitas vezes define você mais do que qualquer outra pessoa; o seu geralmente resulta de fraquezas dentro de você.

Alguma dessas situações lhe parece familiar? "Por que o Instagram daquela garota tem mais seguidores que o meu, mesmo que as fotos dela pareçam ter sido tiradas por uma estudante do ensino fundamental?" O que isso implica é que você gostaria que sua conta tivesse mais seguidores, sentindo-se inseguro o tempo todo.

"Esse cara sempre parece feliz e legal; deve ser falso!" Mostra seu ciúme da capacidade dele de se conectar com as pessoas e deseja que sua vida fosse tão satisfatória quanto a dele; entretanto, em vez de trabalhar para melhorar a si mesmo pessoalmente, você julga e rotula os outros.

"Ele se acha tão importante por causa de seu carro e de sua casa caros; que superficial!" Seus lábios dizem isso, enquanto seu coração sabe o contrário; no entanto, o que seus lábios expressam pode na verdade significar que todos esses luxos fazem você desejar viver um estilo de vida diferente, em vez de se sentir falido constantemente.

Olhe ao seu redor e tente identificar alguém que pareça confiante consigo mesmo enquanto julga os outros com severidade. As probabilidades são de que não haverá ninguém assim porque seus julgamentos revelam fraquezas, inseguranças e pontos fracos que você tenta esconder da sociedade.

Uma razão pela qual julgamos os outros com tanta facilidade é porque fazemos o mesmo conosco mesmos - todos os caminhos levam de volta a "nós".

O que você pode fazer se acabar lendo e julgando os outros com muita severidade? Embora parar completamente possa parecer idealista, isso simplesmente não é possível. No entanto, existe uma maneira eficaz de se conter antes de se transformar em um monstro de julgamento sem escrúpulos: preste atenção ao ler ou julgar alguém e pare antes de se tornar um!

Fique curioso. O julgamento atrapalha o pensamento racional e impede você de compreender pessoas ou situações; muitas vezes essas convicções vêm de informações limitadas.

A curiosidade mantém a pessoa aberta à possibilidade de que a situação possa ser mais complexa; algo nos bastidores que você não está observando.

Assim que alguém agir de forma estranha ou contra suas preferências, pergunte-se esta simples pergunta: "Há alguma coisa acontecendo com essa pessoa que eu não possa ver?" Essa abordagem pode parecer óbvia, mas servirá para lembrá-lo de que muitas vezes há mais coisas acontecendo do que aparenta.

Julgar as pessoas pode ser fácil e pode até ser satisfatório; entretanto, permanecer curioso requer inteligência emocional, maturidade e autocontrole.

Antes de fazer um julgamento instantâneo sobre alguém, pare e pense antes de falar ou enviar mensagens de texto com palavras desagradáveis. Palavras não retiram, uma vez ditas deixam uma impressão impactante que pode durar a vida inteira! Coloque-se no lugar deles para poder compreender suas intenções; transforme padrões de pensamento negativos em construtivos para que você possa combater a negatividade internamente - e então elimine sua fonte!

Um componente integral do crescimento e desenvolvimento pessoal é tomar consciência das nossas próprias falhas, mudar padrões para nos tornarmos indivíduos mais positivos e maduros, ao mesmo tempo que aceitamos os outros sem julgamento ou crítica como parte desta jornada.

Conforme discutido na Parte Dois, é importante compreender o que motiva os outros; mas igualmente essencial para a sua felicidade e bem-estar é identificar e compreender o que o move na vida. Ao permanecer inspirado e motivado, você encontrará energia e motivação que podem alimentar a felicidade dentro de você e se espalhar por todos ao seu redor - assim como encher um poço vazio não pode proporcionar alívio!

A motivação interna pode vir de múltiplas fontes, incluindo independência financeira, benefícios de saúde, estabilidade ou autorrealização. Cada indivíduo é único em sua motivação; daí a razão pela qual alguns prosperam mais com trabalhos orientados para tarefas ou competências, enquanto outros permanecem com empregos de serviços - estes factores determinam o caminho que se escolhe.

1. Motivação Intrínseca: Atividades que você gosta de fazer por si só, como estudar jornalismo policial porque assistir a documentários policiais e ler romances de mistério o inspirou.

2. Motivações Definidas: Atividades que você realiza e que o aproximam de alcançar seus objetivos; por exemplo, estudar jornalismo policial se o seu objetivo for trabalhar como agente da lei.

Estudos realizados para explorar os efeitos da motivação intrínseca e identificada na felicidade e no bem-estar das crianças mostraram que as crianças que estavam intrinsecamente motivadas para aprender mais estavam psicologicamente num estado melhor, independentemente das suas notas.[15]

Depois de entender qual motivação impulsiona quais ações, o próximo passo deve ser identificar o que motiva VOCÊ. Fazer uma autoavaliação e ser honesto sobre como e por que você se tornou quem você é agora pode ajudar a identificar o que o motiva – e então descobrir um plano de ação para chegar onde você gostaria de estar na vida.

Os especialistas aconselham que, ao tentar identificar a motivação, é útil relembrar aqueles momentos em que você se sentiu mais vivo e ansioso para concluir algo. Refletir sobre as tarefas que tiveram uma taxa de engajamento especialmente alta pode revelar onde estão suas paixões.

Lembre-se desses casos e considere o que levou ao seu sentimento de realização ou entusiasmo e, em seguida, explore suas causas, entendendo por que as coisas aconteceram dessa maneira. Ao responder a esta pergunta, pode ajudar a identificar motivadores. Aqui estão algumas perguntas que você pode fazer a si mesmo para identificá-los:

* Quem você imagina se tornar daqui a dois ou três anos?

Como essa pessoa se comportaria? Se dinheiro e recursos não fossem um problema para você, quem você ajudaria por generosidade de espírito? Onde você gostaria de fazer uma declaração impactante sobre o que lhe interessa ou motiva. * Quais hobbies e atividades fazem você feliz?

* Que qualidades você deve desenvolver para se tornar a melhor versão de si mesmo e criar a vida que você imagina?

Responda às seguintes perguntas para descobrir suas inspirações e levar uma vida que reflita seus valores e crenças.

Um passo importante para ficar motivado é enfrentar o medo. O medo nos impede de avançar; dificulta o movimento, faz com que duvidemos de nós mesmos a cada passo e nos leva por um caminho desnecessário de cautela. Infelizmente, por vezes os nossos medos surgem mais da imaginação do que de uma avaliação precisa dos riscos; mesmo que a excitação ofusque o medo, a fim de prosseguir com a sua tarefa, ainda haverá partes de nós que querem proteger-se de influências externas e conter-se num esforço para garantir a nossa segurança.

Para escapar dessa situação, é necessário enfrentar seus medos de frente e superá-los. O primeiro passo deveria ser reconhecê-los falando em voz alta; ao reconhecê-los em voz alta, o poder deles sobre você pode diminuir lentamente. Faça a si mesmo estas perguntas:

* Quais são as chances de que o que você teme aconteça?

E por que você está ansioso que isso aconteça?

Ao confrontá-los de frente, você poderá descobrir quais medos são reais e quais são imaginários. Os seus receios também indicarão onde podem existir lacunas que precisam de ser preenchidas antes de chegar ao seu destino e onde é necessário implementar estratégias de gestão de riscos. Uma vez que esses medos tenham sido tratados diretamente, fica muito mais simples avaliar o que está impulsionando e impedindo o progresso mais rápido – conhecimento que lhe permitirá atingir os objetivos desejados mais rapidamente.

A conversa é uma forma eficaz e fácil de construir conexões, trocar pensamentos e desenvolver a compreensão mútua entre as pessoas. Estas interações devem ser agradáveis e fornecer informações sobre as personalidades e preferências dos indivíduos; através deles desenvolvemos empatia, nos sentimos compreendidos e ouvimos uns aos outros - criando experiências memoráveis e crescimento duradouro ao longo de nossas vidas.

No entanto, para colher os benefícios da "conversa", você deve chegar a um ponto em que as pessoas desejem conversar com você – isso significa prender a atenção sem esforço, comandar a sala e brilhar em situações sociais ou profissionais.

Essas habilidades são inerentes ou podem ser desenvolvidas por meio de treinamento e prática específicos?

Aqui estão as informações privilegiadas: você pode cultivar essas habilidades posicionando-se como um indivíduo interessante, culto e conhecedor.

Todo ser humano deseja ser interessante; essa é uma verdade indiscutível. Mesmo alguém desconfortável por estar na vanguarda ainda vai querer parecer interessante e evitar ser rotulado de chato! Ser interessante leva a influência e oportunidades; ao compreender o que motiva um indivíduo interessante, você poderá se tornar um e se tornar influente dentro de seu círculo de influência.

Como você pode fazer isso?

Comece sendo inclusivo. Não tente ser "legal" desprezando os outros – isso só servirá para minar ainda mais a sua credibilidade. Apoie as pessoas em vez de prejudicá-las: isso causa uma impressão melhor!

Se você vir alguém em uma festa ou bar segurando sua bebida enquanto procura alguém com quem conversar, não ignore; tente iniciar uma conversa para que se sintam vistos e incluídos. Talvez mencione algo sobre eles que você aprendeu durante uma de suas conversas anteriores; isso mostrará a eles que você também ouviu ao falar com aquela pessoa. Estabeleça-se como um bom ouvinte para que eles o considerem intrigante.

Embora ser o centro das atenções seja bom, ser humilde também é essencial. Estudos mostram que as pessoas gostam de passar tempo perto daqueles que demonstram humildade. Como este termo pode variar consideravelmente dependendo do contexto, vamos usar como definição: respeitar as opiniões e perspectivas dos outros como ser humilde - isso mostrará a alguém que ele é importante!

Tenha cuidado para não confundir humildade com falta de respeito próprio ou assertividade; ser humilde não exige um comportamento autodepreciativo que faça outra pessoa se sentir especial. Seja humilde reconhecendo suas habilidades e o que elas podem ou não fazer; até mesmo algo tão simples como dizer: "Ainda não sei a resposta, mas vou pesquisar e entrar em contato com você" ou admitir "Não estou familiarizado com esse assunto; você pode me contar mais?" pode mostrar humildade.

Evite se intimidar mostrando que você tem uma mente aberta e de iniciante! Outra estratégia eficaz para impulsionar as conversas é ser genuinamente generosa, pois provoca uma resposta psicológica de reciprocidade por parte dos outros. Não nos referimos a gestos materialistas, como comprar presentes ou comida; simplesmente tenha conversas abertas, elogie livremente ou pergunte a alguém como ele está se sentindo, sem perguntar apenas por formalidade!

Ao ser generoso com seu tempo e atenção, você descobrirá que os outros ficarão mais interessados em você. Eles apreciarão saber que você não está ali apenas para obter benefícios materiais com a presença deles.

Seja generoso ao dizer "sim". Se você possui conhecimentos ou insights específicos sobre uma área de interesse para outras pessoas, use-os livremente, sem considerar o que retornará em troca.

Ser interessante e prestativo permitirá que você ganhe o favor de outras pessoas e estabeleça relacionamentos duradouros. Seguindo as práticas de conversação mencionadas aqui, será fácil se tornar o tema de interesse da conversa.

Você já experimentou longas pausas e olhares estranhos, o que tornou a conversa desconfortável

Todos em algum momento passarão por longas pausas e olhares estranhos durante as conversas que nos deixam desconfortáveis, que é quando percebemos a importância de manter o diálogo; também conhecido como manter as pessoas investidas em suas discussões.

Veja como você pode fazer isso: Encontre um interesse comum. As pessoas variam muito no que diz respeito aos interesses e prioridades; encontrar algo em comum ajuda a construir pontes entre vocês. Depois de encontrar algo semelhante entre duas pessoas, anote tudo o que achar interessante sobre isso (para iniciar uma conversa). Reveja essa lista várias vezes para que ela fique facilmente na sua memória quando surgirem pontos de conversa nessa área - e depois consulte-a novamente quando necessário! Além disso, anote o início da conversa sobre tópicos relevantes para vocês dois, para que a discussão nunca termine!

Temas interessantes incluem futebol, o último gadget lançado no mercado, assistir a um filme ou ler um livro que você achou agradável ou ouvir comentários de Donald Trump que fizeram você rir alto.

Não tenha vergonha de fazer perguntas abertas quando estiver sem palavras - uma pergunta aberta requer mais do que uma resposta "sim/não" e certamente desencadeará uma conversa entre as partes envolvidas.

Os exemplos de tópicos podem incluir: Um concerto: meus pensamentos
Qual cena do filme você mais gostou e de sair sozinho ou em grupo?

Essas perguntas incentivam as pessoas a se abrirem mais sobre si mesmas. Ao eliminar silêncios constrangedores entre as conversas, esses tipos de perguntas mantêm o diálogo fluindo com mais facilidade entre você e outra pessoa.

Ao fazer esse tipo de pergunta, você mostra a alguém que se preocupa com suas opiniões e emoções - isso constrói relacionamentos ao manter o diálogo entre você e essa pessoa. Eles apreciarão o esforço que você fez para mantê-lo!

Estabeleça vínculos emocionais

As conversas não devem ser vistas simplesmente como palavras: elas servem para construir conexões emocionais entre as pessoas. Embora você possa conduzir um diálogo inteiro sem compartilhar informações significativas, isso ajuda a estabelecer laços significativos e dá uma visão interna da personalidade de outra pessoa.

Desabafar! Quando nada mais funcionar, não hesite em falar! A conversa muitas vezes pode tornar-se um desafio porque tememos que as nossas palavras possam ser aborrecidas para os outros; portanto, nossos pensamentos e palavras permanecem ocultos até que nossos medos de sermos julgados se manifestem em palavras ou ações. Mas muitas vezes esse medo surge apenas da imaginação!

Da próxima vez que você se encontrar em tal encontro, diga o que pensa livremente (desde que não contenha material racista ou sexualmente ofensivo). Você pode se surpreender ao descobrir que as pessoas não são tão tacanhas quanto você imaginava!

Seus esforços para continuar uma conversa só terão sucesso se ambos os participantes estiverem investidos nela e dispostos a se envolverem plenamente. Se mostrarem sinais de desinteresse ou se recusarem a contribuir, tome isso como um indicador de que deve terminar imediatamente.

Independentemente dos seus interesses ou objetivos É inegável que as relações pessoais são fundamentais para o sucesso pessoal e profissional, independentemente dos interesses, objetivos pessoais ou profissão. No entanto, você deve ter notado que alguns indivíduos parecem capazes de se conectar facilmente com todos que encontram, enquanto outros lutam até mesmo para ter conversas saudáveis e muito menos para desenvolver relacionamentos significativos com eles.

Veja como você pode abordar e chamar a atenção de garotas bonitas em um bar, do chefe do departamento em um evento anual ou de seu vizinho assinando uma petição para tornar o bairro seguro.

Então, como você pode desenvolver essa habilidade?

Em primeiro lugar, lembre-se de que as pessoas respondem melhor a pessoas genuínas. Fazer e manter conexões começa com intenções genuínas; qualquer tentativa de interações superficiais durará apenas um certo tempo. Conversar com pessoas apenas para promoções ou ingressos grátis não é suficiente - se você realmente se preocupa com as pessoas, elas podem se tornar amigas genuínas com o tempo.

Segundo, demonstre sua disposição de dar tempo e atenção a alguém com quem você está tentando se conectar. Às vezes, devido aos recursos limitados, podemos não ser capazes de presentear as pessoas com presentes ou demonstrações materialistas de afeto; dar a alguém tempo genuíno para aprender sobre suas preferências e gostos é um gesto igualmente impactante para mostrar que eles são importantes.

Se você estiver tendo dificuldade em aprender mais sobre eles por meio de pesquisas independentes, conectar-se com pessoas que eles conhecem pode ajudar imensamente. As pessoas tendem a imitar nossos hábitos e hobbies, portanto, ao conhecer mais intimamente as pessoas de quem gostam, você também poderá obter alguns insights sobre elas.

Fazer conexões também pode ser inestimável em ambientes profissionais; muitas vagas de emprego são preenchidas por meio de referências e networking; assim, ao criar relacionamentos, você se abre para oportunidades infinitas.

Quando alguém o recomenda para um emprego, a recomendação dele pode atestar sua credibilidade, tornando mais fácil garantir esse emprego. Não subestime a construção de relacionamentos com colegas simplesmente porque vocês passam pouco tempo juntos; mais pessoas em seu círculo social significam mais oportunidades na vida!

Depois de estabelecer uma conexão, o próximo passo deve ser promovê-la e mantê-la forte. Infelizmente, quando alguém desaparece de vista, muitas vezes desaparece da memória das pessoas; para garantir que você permaneça inesquecível, a maneira mais fácil é com pequenos gestos, como enviar cartões de Natal, mensagens de aniversário por meio de mensagens de texto ou seu livro favorito com uma nota pessoal - você pode se surpreender com o quão satisfeitas as pessoas ficarão com esses lembretes que mostram que são importantes! Todos desejamos ser lembrados; mostre a alguém que ele é importante, mostrando que seu relacionamento o valoriza! Você poderia simplesmente criar conexões para a vida toda!

Para conquistar as pessoas, basta mostrar que você as compreende e valoriza; então você ganhará a lealdade deles.

A era digital tornou mais fácil do que nunca a automatização de tarefas e a utilização de máquinas para gerir a nossa carga de trabalho, mas quanto mais tecnologia utilizamos, mais longe estamos de experimentar as emoções envolvidas na conclusão de uma tarefa ou na superação de dificuldades para concluir o nosso trabalho. é sentido.

A inteligência emocional entra em jogo aqui; refere-se à sua capacidade de reconhecer suas próprias emoções e também as daqueles ao seu redor, incluindo como elas afetam os outros e afetam seus pensamentos e comportamento. Ao compreender os sentimentos humanos mais profundamente, as pessoas emocionalmente inteligentes acham mais fácil se conectar com outras pessoas, ao mesmo tempo que são mais compassivas e compreensivas com aqueles que encontram; esta qualidade contribui muito para o seu sucesso profissional e pessoal.

As pessoas muitas vezes ficam confusas entre inteligência emocional e quociente de inteligência (QI), visto que ambos representam diferentes formas de inteligência. A principal distinção reside na forma como cada um é medido e representado.

O QI mede a inteligência mental através de testes padronizados e está diretamente ligado às capacidades mentais; por exemplo, ser capaz de compreender informações e aplicá-las na resolução de problemas. Pessoas com QI mais alto são adeptas de estabelecer conexões mentais rápidas e de atender ideias abstratas rapidamente. A inteligência emocional refere-se a como alguém usa as emoções para dar sentido às situações; aqueles que estão no extremo superior desta escala tendem a ser indivíduos emocionalmente estáveis, capazes de administrar bem seus sentimentos enquanto lidam de forma eficaz com aqueles que estão passando por fases difíceis.

Outra diferença entre essas duas formas de inteligência é que o QI é algo que você herda ao nascer, enquanto a inteligência emocional se desenvolve a partir de experiências durante sua educação e ambiente. Você pode trabalhar para se tornar emocionalmente inteligente quando adulto, cultivando fortes habilidades pessoais.

Veja como você pode fazer isso:

* Esteja atento às suas reações. Não julgue antes de compreender completamente todos os aspectos de uma situação; em vez disso, tente ver as coisas do ponto de vista dos outros e mantenha a mente aberta sem sucumbir a estereótipos ou preconceitos. Ao aceitar os pontos de vista dos outros e a(s) opinião(ões) deles, você constrói a confiança deles.

* Avalie-se. Você está ciente de suas fraquezas? Você consegue aceitar que é necessário trabalhar em algumas áreas de si mesmo para se tornar uma pessoa melhor? Olhe para si mesmo de forma honesta e atenciosa e seja corajoso o suficiente para mudar as partes que impedem o crescimento - isso pode transformar sua vida! * Dê uma olhada honesta e atenciosa em si mesmo! Ser honesto pode mudar vidas!

* Avalie como você reage em situações estressantes. Como você lida com as decepções quando as coisas não saem como esperado, por exemplo, quando as coisas não funcionam? Você ataca ou culpa os outros? Ser capaz de administrar as decepções com calma é extremamente valioso tanto no ambiente profissional quanto no pessoal – evita que explosões emocionais levem a decisões ou ações precipitadas das quais você possa se arrepender mais tarde.

*Não busque validação de suas realizações. A humildade pode ser um recurso emocional inestimável; praticá-lo mostra aos outros que você reconhece seus próprios pontos fortes e conquistas sem precisar se gabar deles para os outros. Em vez disso, concentre-se nas realizações dos outros como forma de se inspirar! Você pode ver que as conquistas deles passam para você.

* Responsabilize-se por suas ações. Se você ofender outra pessoa, peça desculpas ou tente resolver a situação imediatamente, se necessário. Não ignore seus sentimentos nem os leve a acreditar que não deveriam ter se machucado de forma alguma; ao mostrar um esforço para corrigir as coisas com honestidade e fazer as pazes, você demonstra a esse indivíduo que ele é valorizado por você e que tudo o que for possível será feito para manter o relacionamento entre vocês dois.

* Esteja atento aos efeitos de suas ações. Antes de empreender qualquer ação, leve sempre em consideração como isso afetará os envolvidos na situação e suas reações ao que você propõe fazer. Isso os prejudicaria ou agravaria ainda mais a situação para eles? Se for esse o caso, evite prosseguir completamente; mas se isso não puder ser evitado por algum motivo, discuta primeiro esta decisão com eles e tente encontrar formas de minimizar as suas consequências adversas.

A inteligência emocional é fundamental para ler e compreender as pessoas. Permite-lhe formar laços fortes com os indivíduos, o que acaba por levar ao sucesso em todos os aspectos da sua vida.

Quando seu parceiro chega em casa depois de um árduo dia de trabalho, ele pensa consigo mesmo: "Finalmente! Posso relaxar agora!" ou eles pensam: "Aí vem de novo!" Se você deseja um casamento ou relacionamento bem-sucedido, o ideal é que eles pensem a mesma frase - mesmo que voltar para uma casa imaculada possa ser bom, o que mais importa é fazer com que eles se sintam à vontade em um ambiente em que gostem de ficar e sinta-se acolhido e acolhido por você tanto quanto o fator limpeza em si.

O que você deve fazer quando tiver um dia difícil? Sorria e tente ser gentil com estranhos em uma reunião ou jogue todos os seus resquícios emocionais neles? É estranho como as pessoas mais próximas de nós muitas vezes veem o nosso pior lado. Pode-se argumentar que, sem sermos "reais" uns com os outros em nossos lares e relacionamentos, com quem mais nos abriríamos? Mas você também consegue lidar com toda a irritação e agitação frequentes deles?

Portanto, é essencial que você não crie um ambiente no qual não consiga viver sozinho. Claro, todo mundo passa por momentos em que a ansiedade, a raiva ou o estresse assumem o controle. No entanto, faça um esforço para limitar esses incidentes para que seu parceiro não volte para casa com a negatividade. Se essas emoções parecem difíceis de controlar sozinho, converse com amigos ou terapeutas para obter apoio; somente quando sua saúde mental estiver estável você poderá criar uma atmosfera ideal para vocês dois.

Atrair seu parceiro exige manter a tecnologia fora da equação ao falar com ele; dê toda a sua atenção sem percorrer o feed do Twitter simultaneamente; ouça como foi o dia deles e conte o que você fez durante ele; se a sua casa for grande o suficiente, mantenha os laptops ou computadores fora da vista para reduzir a tentação de fazer check-ins com muita frequência; a organização permitirá reconexões frequentes em vez de apenas um encontro noturno por semana.

Além disso, as influências externas podem ajudar a criar uma atmosfera ideal. Por exemplo, certifique-se de que você e sua casa cheirem bem quando seu parceiro chegar - isso irá refrescá-los mentalmente instantaneamente, ao mesmo tempo que os fará se sentirem mais próximos. Acenda velas perfumadas e toque música leve para criar um ambiente romântico e aconchegante; seu companheiro com certeza vai querer ficar mais tempo com você!

Sua casa deve ser um oásis de conforto e paz — se você puder ajudar a construir uma junto com seu parceiro, isso contribuirá muito para uma parceria de sucesso.

Reconhecendo suas zonas de conforto e acomodando-as

O seu relacionamento envolve calças de moletom, peidos na cama e seu parceiro gritando "Querida, essa espinha pode tomar conta de todo o seu rosto!"? Se isso descreve a dinâmica entre você e seu parceiro, então você estabeleceu com sucesso uma conexão agradável e construída para durar.

Em algum momento do seu relacionamento, você poderá se deparar com situações em que uma atividade ou situação social que você desejava realizar estava além da zona de conforto do seu parceiro. Para manter a paz no relacionamento e evitar desentendimentos, é essencial que ambos os parceiros entendam onde terminam seus níveis de conforto e até que ponto você pode pressioná-los a sair deles.

Se você é extrovertido e seu parceiro é introvertido, ele pode não gostar de participar de tantas festas e atividades ao ar livre quanto você. Portanto, encontrar um compromisso aceitável onde nenhum dos parceiros se sinta constrangido por ficar muito tempo dentro de casa; e onde nenhum dos dois se sinta superexposto devido às constantes interações sociais é a chave para encontrarmos a felicidade juntos.

Para acomodar suas preferências, comece entendendo seu humor – como quando eles têm vontade de sair e quando querem passar mais tempo em casa com Netflix e livros. Tente também não sair por dias consecutivos e permita que suas reservas de energia se recarreguem antes de sair novamente. Esses pequenos ajustes em sua atitude mostrarão a eles que você se preocupa com as preferências deles, ao mesmo tempo que os encorajará a ir além de suas zonas de conforto para acomodar você também!

Estudos demonstraram que quando os casais se sentem à vontade nas suas relações de companheirismo, as probabilidades de durarem mais aumentam significativamente. Por outro lado, atingir um nível de conforto significa menos entusiasmo ou novas experiências para explorar e corre o risco de se tornar obsoleto com o tempo. Então, como você pode equilibrar os níveis de conforto de ambos os parceiros e, ao mesmo tempo, manter o romance vivo?

Tentem surpreender um ao outro de vez em quando - não com algo tão grande como comprar um carro novo sem consultar primeiro seu parceiro - em vez disso, concentrem-se em gestos menores e significativos, como oferecer sua refeição favorita ao voltar do trabalho, usar sua lingerie mais sexy para dormir ou planejando datas surpresa para mostrar ao seu amor o quanto você é atencioso. Essas pequenas surpresas irão adicionar o elemento surpresa sem sair muito de sua zona de conforto.

Casais que ficam muito confortáveis podem facilmente cair na zona de não falar, esperando que seu parceiro possa lê-los sem que eles próprios tenham que dizer nada. Mas a realidade muitas vezes pode provar o contrário!

A compreensão de si mesmo pode ser fácil para os outros com base em padrões e comportamentos previsíveis, mas às vezes eles simplesmente não conseguem atender às suas expectativas. Quando isso ocorre, a comunicação e a expressão de seus sentimentos tornam-se fundamentais; não reprima os sentimentos quando eles surgirem; em vez disso, expresse-os abertamente! Se algo o magoou profundamente ou emocionalmente, se eles precisarem de alguém para sentar ou segurar sua mão, diga-lhes! Uma conversa franca é sempre a maneira mais eficaz de nos conectarmos com as pessoas mais próximas de nós.

Se expressar suas emoções não é algo que seu parceiro se sinta confortável em fazer, acomode-o aprendendo suas dicas não-verbais e não force demais para que ele se expresse. Com o tempo, você notará a apreciação deles por deixá-los permanecer em sua zona de conforto.

A zona de conforto do seu parceiro é o espaço onde ele permite que você realmente o veja como ele realmente é - tanto seus pontos fortes quanto seus defeitos. Ao aprender a permanecer com eles nesta zona, você descobrirá mais facilmente sua personalidade e aprenderá a interpretá-la com facilidade.

Sendo vulnerável

Falamos extensivamente sobre vulnerabilidade ao longo deste livro e vale a pena repetir que a exposição emocional lhe dá força para se abrir às experiências e ao amor. Muitos têm medo de mostrar a sua vulnerabilidade porque pensam que isso os faz parecer fracos – isto simplesmente não é verdade! Aqui está o porquê.

Ao compartilhar seu verdadeiro eu com as pessoas mais próximas de você, você mostra sua coragem em ser visto por quem você realmente é e por quem você realmente é - criando um sentimento de pertencimento, amor e autenticidade nos relacionamentos que mais importam.

Avançar com coragem para ser vulnerável traz muitas vantagens emocionais. Colocando-se em situações que o tornam vulnerável, como colocar-se em situações que testam a sua coragem e testam o quão capaz você é de gerenciar cenários desafiadores - construindo autoconfiança e fortalecendo a resiliência contra obstáculos ao longo do caminho.

Mostrar vulnerabilidade com amigos, parceiros e pais pode fomentar a empatia. Fazer isso permite que eles testemunhem seus pontos fracos que você tende a manter escondidos dos outros - dizendo-lhes que eles são mais importantes do que qualquer outra pessoa, abrindo esse lado para eles.

Além de melhorar o relacionamento com os outros, a empatia também fortalece a conexão consigo mesmo. Ao aceitar aspectos indesejáveis ou fracos de si mesmo e aceitá-los como parte de quem você é, a empatia aumenta a autoaceitação e, assim, contribui para o bem-estar geral.

A seguir estão algumas sugestões para ajudá-lo a se tornar vulnerável: * Esteja aberto a correr riscos que possam resultar em rejeição. Comunique-se honestamente sobre o que você deseja dos relacionamentos - especificamente suas expectativas e limites - junto com tópicos pessoais que você normalmente não discute com mais ninguém, como assuntos pessoais que surgem em conversas e discussões sobre erros cometidos no passado nos relacionamentos.

* Discuta incidentes que evocam sentimentos de medo, vergonha ou tristeza.

Até agora exploramos apenas algumas maneiras pelas quais aceitar a vulnerabilidade ajuda a crescer; abre portas para mudanças ao mesmo tempo em que cria flexibilidade.

A mudança pode ser assustadora para muitos porque envolve sair da sua zona de conforto e aventurar-se em território desconhecido. Portanto, este processo requer um trabalho extenso – sendo o primeiro passo aprender a ser vulnerável. Imagine que você está tentando quebrar um mau hábito indefinível, como comer em excesso, que impactou negativamente sua saúde, sua aparência e seu orçamento. No entanto, para fazer isso com sucesso, primeiro você deve identificar a causa raiz; o que está levando você em direção à comida em primeiro lugar? Você está comendo para escapar das emoções, do estresse ou da ansiedade, ou por causa do tédio? Para superar o seu vício em comida, deve ocorrer um olhar honesto sobre si mesmo - reconhecer que os seus hábitos obscuros não mudarão da noite para o dia, tal como os seus sentimentos não.

A mudança requer uma autoanálise honesta e sem desvios – e a vulnerabilidade é a porta de entrada para tudo isso!

A vulnerabilidade pode abrir sua mente para novas perspectivas. A chave para acolher diversos pontos de vista e ideias reside em aceitar que as suas experiências não foram exaustivas na vida; abrir mão temporariamente de crenças e valores em favor de outros pontos de vista pode ser um desafio; no entanto, a vulnerabilidade ajuda você a ver que há mais além de você, à medida que você reconhece que há pessoas vivendo fora de seus desejos e necessidades, bem como aceita todas as perspectivas igualmente, a fim de formar conexões significativas com as pessoas que vivem lá.

Há um velho ditado: tudo o que você coloca no mundo volta para você de uma forma ou de outra. Isso se aplica igualmente bem quando se trata de relacionamentos ou conexões - o que você traz refletirá na mesma moeda; por exemplo, o amor, a empatia, a tolerância e a paciência renderão dividendos na forma de conexões fortes e significativas, e vice-versa.

Agora que você entende como as pessoas funcionam, é hora de colocar todo esse conhecimento em prática! Nesta seção, faremos bom uso de todo o seu aprendizado - decifrar até mesmo os segredos mais cuidadosamente guardados pode ser complicado; aqui, exploraremos o que denuncia as pessoas, identificando mentiras rapidamente e rompendo quaisquer barreiras que as pessoas muitas vezes estabelecem contra si mesmas.

A leitura de pessoas consiste em prestar atenção aos pequenos detalhes e observações que muitas vezes passam despercebidos. Como um leitor experiente, você não pode permitir que mesmo pequenas diferenças, como movimentos do nariz ou tremores nas unhas, passem despercebidas; portanto, esta seção tem como objetivo ensiná-lo a identificar esses micro detalhes que ajudam a fazer avaliações precisas.

Você já observou como alguém fica quando está mentindo? Infelizmente, não existe uma resposta única, pois cada indivíduo apresenta diferentes indicadores de mentira. A linguagem corporal, as expressões faciais, a escolha de palavras e os hábitos podem revelar se alguém está mentindo. Pistas verbais e não-verbais como essas podem ajudar a identificar mentiras versus verdades - embora você possa não reconhecer o termo linha de base em si!

Definir como base as pessoas lhe dá o poder de avaliar os indivíduos quanto à sua veracidade. Fornecendo uma medida objetiva com a qual comparar e julgar se seu comportamento está fora do normal ou simplesmente indica que eles estão agindo normalmente.

Então, como você pode identificar comportamentos básicos? Aqui estão três etapas fáceis que ajudarão você a fazer exatamente isso!

Passo 1: Comece com o aperto de mão.

Como se costuma dizer, as primeiras impressões duram e você só tem uma chance de fazer aquela declaração inicial impactante sobre alguém. Considere também este o momento ideal para avaliar as ações de uma pessoa, já que a maioria é mais positiva durante uma reunião inicial.

Vendedores e entrevistadores são adeptos do uso dessa habilidade, muitas vezes criando uma primeira impressão favorável nos clientes ou contratações em potencial após apenas um aperto de mão. O segredo deles? Prestar muita atenção ao olhar, à qualidade vocal e à postura ao cumprimentar os recém-chegados com um aperto de mão de introdução.

Não importa se em uma situação social ou profissional, manter o controle sobre os sinais sociais das pessoas e fazer anotações mentais permitirá que você os avalie mais rapidamente. Mesmo que isso às vezes possa parecer intrusivo, saiba que de qualquer maneira, todos esses dados estão subconscientemente entrando em nossas mentes; fazendo um esforço consciente para lembrar sua presença, podemos rapidamente fazer conexões em termos de comportamento.

Ao apertar a mão de alguém, preste atenção em como eles conversam, contam piadas e respondem a perguntas pessoais em um ambiente natural. Essas informações podem ajudar a estabelecer uma linha de base.

Etapa 2: Estimule diferentes reações fazendo perguntas.

A chave para criar uma linha de base precisa é reunir as reações normais de um indivíduo em diferentes situações - como eles reagem quando estão felizes, tristes ou entediados são apenas exemplos - embora isso possa ser difícil em ambientes cotidianos como funerais - embora às vezes faça perguntas específicas para avaliar as reações poderia fornecer insights sobre eles mais de perto.

David ou Jane mostram sinais de desconforto quando você lhes diz "não"? Kevin levanta as sobrancelhas ao falar com Taylor?

Suas reações em circunstâncias não ameaçadoras fornecerão a base de como essa pessoa reagirá em cenários mais perigosos.

O movimento dos olhos pode ser usado como um indicador de desvio do comportamento normal. De acordo com investigadores de todo o mundo, aqueles que se envolvem em atividades desonestas geralmente mantêm contacto visual quando falam, embora o seu padrão seja diferente das condições normais - por exemplo, podem olhar para baixo ou olhar para outro lado enquanto falam; ou exibir contato visual constante no início, mas depois mudar depois que perguntas desencadeadoras ou fatores estressantes fizerem com que ele mude repentinamente; da mesma forma, piscar mais devagar ou mais rápido do que o normal também pode indicar que algo suspeito está acontecendo.

Outros aspectos a serem observados ao conduzir linhas de base incluem posturas sentada e em pé, velocidade e tom vocal, estilo de risada, tiques nervosos, gestos com as mãos e expressões de excitação e surpresa. O que muitos não percebem é que seu rosto muitas vezes revela emoções verdadeiras com microexpressões, como breves sorrisos ou levantar de sobrancelhas, que acontecem por apenas milissegundos, mas revelam exatamente como uma pessoa realmente se sente - ao contrário da linguagem corporal, que pode ser controlada em parte através da consciência. disso.

Os profissionais concordam que as emoções exibidas durante as expressões faciais nem sempre indicam culpa; às vezes, eles simplesmente não querem expressar o que pensam. Quando alguém apresenta esses sintomas, investigue ainda mais fazendo perguntas específicas sobre por que ele está se sentindo assim.

Etapa 3: mantenha um registro mental do comportamento inicial.

A chave final para resolver esse quebra-cabeça está em lembrar tudo o que você observa mentalmente. Arquive o comportamento deles junto com qualquer informação adicional como cônjuge, profissão ou endereço da cidade natal, se necessário - especialmente se sua memória estiver fraca! Fornecer esses detalhes extras pode ajudar a conectar os pontos mais rapidamente e, ao mesmo tempo, lembrar outros detalhes com mais facilidade; só não escreva tudo, deixe seu cérebro lembrar!

Você já participou de uma festa onde, enquanto contava uma história envolvente de trabalho para um grupo de pessoas, tudo o que se ouviu em resposta foi: "Ah, sim! Ótimo. Eles estão servindo camarões?" e sua energia se dissipou rapidamente com a mesma rapidez com que encerrou sua história, sem se sentir satisfeito com o resultado das coisas?

O que aconteceu foi que alguém estava ouvindo apenas parcialmente e fez uma pergunta irrelevante que matou tanto o seu diálogo quanto o seu humor. Para manter uma conversa fluindo sem problemas, preste atenção e faça perguntas relevantes - isso fará com que eles falem mais livremente e, em última análise, permitirá que você obtenha uma visão mais profunda sobre eles, ajudando você a lê-los melhor em troca. É como o efeito dominó!

O convite é uma das ferramentas fundamentais de comunicação; informa aos presentes que é a sua vez de falar e oferece sugestões sobre temas que podem explorar.

Exemplo: Perguntar: "Como foi o último livro que você leu?" abre um convite para uma conversa sobre o tópico específico que você abordou em sua pergunta.

Esses convites servem como uma rede de segurança essencial quando a conversa sai do rumo. Se você estiver lutando para encontrar tópicos para conversa, tente incluir um convite na mistura - especialmente se estiver relacionado a algo que você discutiu anteriormente! Caso contrário, não fará mal nenhum iniciar novos tópicos.

Os convites podem assumir a forma de perguntas ou declarações. Ao usar convites baseados em perguntas, certifique-se de manter a linguagem aberta e compreensível para obter resposta máxima.

Essas perguntas abertas permitem que a pessoa à sua frente elabore em vez de fornecer respostas curtas. Por exemplo, perguntar: "Você fez uma boa viagem?" provavelmente resultará em respostas sim ou não. Por outro lado, perguntar "Como foi sua viagem?" você poderá receber respostas mais detalhadas que mostram à outra pessoa que você se importa e a motiva a compartilhar mais detalhes da viagem com você.

Ao se interessar em conhecer outra pessoa, você demonstra o seu próprio interesse. Isso cria um vínculo fortalecedor entre você e esse indivíduo e permite que ele se abra mais.

Semelhante a fazer perguntas perspicazes, fazer perguntas perspicazes mostra seu interesse. Seguindo a regra clássica "mostre, não conte", ao fazer perguntas perspicazes você mostra às pessoas que se importa - mas tome cuidado para não ser intrometido!

Em seguida vem a nossa tarefa de fazer perguntas boas e esclarecedoras.

Fazer o último não lhe dará muitos insights sobre o verdadeiro eu deles, pois nem mesmo eles entenderão por que você está interessado. Eles podem presumir que você se preocupa mais com o clima do que com eles! Da mesma forma, ao fazer perguntas íntimas como "Qual é o seu desejo mais profundo e sombrio?", você pode deixá-los desconfortáveis e querer escapar de você o mais rápido possível.

Comece pequeno e intuitivo. À medida que suas perguntas avançam, faça gradualmente perguntas mais íntimas, considerando o nível de conforto da outra pessoa. Se em algum momento eles parecerem incomodados com suas perguntas ou apresentarem sinais de desconforto, pare. Em vez disso, volte para perguntas menos intrusivas até receber permissão para continuar investigando mais profundamente.

Antes de nos aprofundarmos na personalidade de alguém, entretanto, duas considerações importantes devem ser mantidas em mente.

Em primeiro lugar, a transição de um relacionamento formal para íntimo não acontece da noite para o dia; em vez disso, é um processo gradual que leva várias conversas ao longo do tempo. No início, as conversas podem girar em torno de tópicos superficiais, como família e hobbies; com o tempo, estes podem expandir-se para discussões pessoais, como relacionamentos passados ou traumas de infância.

Lembre-se de que cada conversa oferece a oportunidade de construir relacionamento e obter mais informações sobre uma pessoa. Com o tempo, eles podem se sentir mais à vontade para compartilhar detalhes pessoais sobre si mesmos.

Em segundo lugar, estabeleça confiança. Se você pedir a alguém que divulgue detalhes íntimos de sua vida, esteja preparado para fazer o mesmo em troca. Compartilhar detalhes sobre você abrirá um canal de confiança entre vocês dois, que pode aumentar a confiança em qualquer relacionamento.

As perguntas-convite são ótimas para abrir o diálogo, mas não farão o trabalho sozinhas. Portanto, use consultas de acompanhamento para ampliar o diálogo.

Simplificando, fazer perguntas a alguém como: "Como você está se sentindo a respeito disso?" ou "Por que você disse isso?" mostra curiosidade genuína por sua história ou mensagem e fornece-lhes a validação de que seus pensamentos são valorizados por alguém. Isso também lhe dá a oportunidade de demonstrar valor ao ouvir atentamente durante conversas que, de outra forma, poderiam parecer muito desconfortáveis ou chatas para você.

Da próxima vez que alguém falar em termos vagos, em vez de apenas balançar a cabeça e avançar rapidamente, pergunte: "O que você quis dizer com isso?" Para ampliar e tornar conversas mais significativas, aqui estão algumas ideias adicionais:

* O que você tem feito atualmente, sua irmã/irmão/cônjuge? * Como foi o seu dia - e qual foi a parte mais emocionante? * Por que você fez uma observação tão atenciosa? * Você poderia elaborar e me ajudar a entender melhor?

* Você acredita que seus pensamentos mudariam sobre esse assunto e eventualmente mudariam de idéia sobre isso?

Antes de responder a cada pergunta, dê tempo e espaço à outra pessoa para responder, sem interromper durante a resposta. Ouvir é fundamental para conhecer melhor alguém!

Einstein aconselhou a famosa frase: "Questione tudo". Fazer perguntas perspicazes às pessoas com quem interagimos ajuda a criar interações eficientes, construir relações de confiança e formar laços significativos.

Quantas vezes você já pensou: "Já chega. Eles sempre mentem!"? Seja depois de um relacionamento fracassado ou de uma promessa de promoção de emprego que se perdeu, mentir é sempre decepcionante e pode nos fazer questionar nosso julgamento e confiar em pessoas em quem antes confiamos cada vez menos. E se houver uma saída? Este capítulo irá equipá-lo com ferramentas para se tornar seu próprio detector de mentiras humano, para que você possa reconhecer rapidamente quaisquer sinais suspeitos e aprender a confiar apenas em pessoas confiáveis.

Verdade seja dita, a maioria das pessoas mente ocasionalmente. Às vezes, podem ser apenas pequenas mentiras como "Não, querido, esse vestido não faz você parecer gorda!" mas em outros casos, as mentiras podem ser mais óbvias, como: "Minha mãe estava doente, por isso cheguei atrasado hoje", ou completamente enganosas, como: "Não estou tendo um caso; passei outra noite no trabalho".

No entanto, a maioria das pessoas não consegue reconhecer mentiras, o que as leva a serem enganadas. Um estudo realizado para examinar esta área mostrou que apenas 54% dos participantes conseguiram detectar falsidades corretamente.[16]

As diferenças de comportamento entre indivíduos que mentem e aqueles que dizem a verdade podem ser difíceis de avaliar, uma vez que não existem sinais reveladores distintos que permitam identificar qualquer um dos grupos; no entanto, indicadores subtis podem ajudar a distinguir um do outro. Como mencionado anteriormente em outro capítulo, as variações do comportamento inicial são outro indicador de mentira.

No entanto, é essencial reconhecer que a detecção de mentiras depende muito da confiança em seu instinto. Ao saber quais sinais procurar e aprender como interpretá-los com seu conhecimento e instintos, a detecção de mentiras se tornará muito mais simples para você.

Psicólogos e pesquisadores de vários setores conduziram estudos extensos sobre engano e linguagem corporal para ajudar os agentes da lei a detectar fraudadores e mentirosos com mais rapidez e precisão. O resultado desta pesquisa destacou vários possíveis sinais de alerta que podem indicar qualquer engano:

* Ser deliberadamente vago ao fornecer detalhes mínimos; Ser incapaz de fornecer detalhes sobre qualquer evento ou incidente

Repetir frases ou perguntas ao responder a perguntas específicas; Falando em fragmentos de frases.

* Exibindo comportamentos de higiene, como pressionar os dedos nos lábios ou manipular fios de cabelo

Como acontece com qualquer outra coisa, a prática também leva à perfeição na detecção de mentiras. Ler pesquisas e relatos de aprendizagem só pode levar você até certo ponto; para dominar verdadeiramente a detecção de mentiras, é necessário prestar muita atenção e estar 100% consciente.

Como tal, voltamos agora o nosso foco para indicadores ou sinais que você deve observar ao tentar detectar um impostor.

Em primeiro lugar, esteja ciente de quais sinais observar. Embora as pessoas confiem em pistas válidas para detectar mentiras, a sua fiabilidade como indicadores de mentiras pode ser limitada. Alguns sinais de engano comuns que as pessoas observam incluem:

* Exibindo Indiferença: Quando alguém tenta permanecer emocionalmente neutro, suprimindo a expressão e não demonstrando nada, pode mostrar falta de expressão, assumir uma postura impassível ou encolher os ombros como forma de não divulgar muita informação.

* Incoerência vocal: se um orador parece inseguro e começa a resmungar ou gaguejar enquanto fala, isso pode ser porque seu cérebro não consegue pensar rápido o suficiente para encobrir suas mentiras.

* Pensar demais: Quando alguém parece ter a intenção de distorcer a verdade, muitas vezes o resultado pode ser pensar demais. Com o conhecimento adequado de quais sinais procurar e a capacidade de usar o julgamento de forma eficaz em qualquer situação, a compreensão pode se tornar muito mais simples.

Em segundo lugar, não confie apenas na linguagem corporal. A maioria dos livros e blogs sobre detecção de mentiras defende o foco apenas na linguagem corporal – as mudanças sutis no comportamento e nos sinais físicos que revelam quem está sendo desonesto – para capturar os enganadores. No entanto, a investigação indica agora que os sinais da linguagem corporal podem ajudar a detectar mentiras, mas nem sempre são indicadores fiáveis de engano.

Howard Ehrlichman, psicólogo pesquisador, descobriu que mudanças nos movimentos dos olhos nem sempre indicavam mentira; eles podem ser simplesmente causados pela recuperação de informações da memória de longo prazo ou pelo pensamento excessivo.[17]

A partir destes e de outros estudos, pode-se concluir que a linguagem corporal, embora muitas vezes precisa, pode nem sempre ser o melhor indicador de mentira. Conhecer alguém e seus padrões de comportamento é uma vantagem para distinguir a mentira dos padrões de comportamento básicos.

Em terceiro lugar, peça-lhes que contem a sua história – de trás para frente! A teoria por trás deste exercício é que os sinais não-verbais e verbais que distinguem a verdade das mentiras tornam-se mais proeminentes quando a carga cognitiva aumenta - isto porque mentir é um processo exaustivo em comparação com dizer a verdade - daí porque as pessoas dizem "se você disser a verdade, você não precisa se lembrar de todos os seus detalhes".

Mentiras deliberadas são atividades mais desafiadoras do ponto de vista cognitivo; aqueles que se envolvem neles requerem uma grande quantidade de recursos mentais para tentar esconder qualquer informação que possa revelar as suas mentiras, monitorizando tanto o seu próprio comportamento como o dos ouvintes. Estabelecer credibilidade e convencer os outros de sua história exige esforço, mas quando combinado com a demanda de narrá-la de trás para frente, você pode começar a detectar falhas em sua narrativa ou discrepâncias de comportamento. A pesquisa fundamentou essa teoria. Se uma história parece ter poucos detalhes ou é completamente inventada, lembre-se de quais detalhes foram repetidos na primeira vez! Fazer isso permitirá que você distinga entre mentiras e verdade.

Conforme discutido anteriormente, confie nos seus instintos! Como indicado anteriormente, seguir seu instinto pode ser sua maior arma contra a detecção de mentiras. Numerosos estudos provaram que os indicadores subconscientes internos são mais eficazes do que estratégias conscientes na detecção de engano. Os humanos possuem dados intuitivos e inconscientes que ajudam a reconhecer o engano se prestarmos atenção a ele.

Embora os instintos possam ser altamente confiáveis, muitas vezes as pessoas não têm a habilidade ou habilidade para usá-los com precisão e permanecem vulneráveis a pensamentos enganosos. Infelizmente, porém, o pensamento ou reação consciente pode interferir nas associações automáticas - em vez de confiar em seu instinto, seus pensamentos conscientes começam a analisar padrões ou ações estereotipadas e, eventualmente, convencem-se a deixar de confiar totalmente neles. Conhecer-se bem o suficiente permite que você reconheça respostas instintivas, sem enfatizar demais os comportamentos que levam à dúvida e o fazem questionar se isso poderia funcionar de vez em quando!

Finalmente, observe a mudança no nível de confiança. Prestar atenção mostrará que o estilo de um potencial enganador muda quando ele é confrontado; a maioria dos mentirosos se sente segura em sua zona limitada de mentira, onde se sente no controle; no entanto, se alguma coisa desafiar alguma coisa que digam, poderá fazer com que percam o controlo e, assim, baixem significativamente os níveis de confiança.

À medida que eles começam a se sentir pressionados, você pode notá-los alterando sua narrativa ou fornecendo respostas inconsistentes sobre determinados eventos, tornando-se mais erráticos em suas respostas e mudando a forma como os descrevem. Ao observar mudanças comportamentais como essa, você poderá detectar lacunas na história e identificar suas verdadeiras intenções.

Esteja ciente de que pode ser difícil determinar se alguém na sua frente está dizendo a verdade ou inventando histórias; talvez eles sejam adeptos de ocultar informações ou sua confiança possa dificultar a detecção de algo errado. Mas os sinais e indicadores descritos acima podem revelar que alguém está escondendo algo de você.

Da próxima vez que você precisar avaliar a honestidade de alguém, preste muita atenção a quaisquer pistas sutis ligadas a mentiras. Se necessário, aumente a pressão tornando racionalmente cansativo para eles contar a sua história. Mantendo essas práticas e essas dicas em mente, você será capaz de reduzir rapidamente aqueles que estão sendo desonestos com você de sua vida.

Como saber se alguém está mentindo por omissão? Como você pode determinar se alguém está mentindo por omissão? Se alguém não mente explicitamente, mas apresenta apenas parte da verdade, isso é considerado mentira ou simplesmente comunicação? Mentir por omissão é uma tática inteligente usada para evitar contar tudo o que aconteceu; para efeitos de registo, deve ser considerado mentiroso, pois impede o seu receptor de obter uma compreensão precisa. Por exemplo, uma criança pode lhe dizer que colocou sorvete no congelador e depois saiu mais tarde e comeu tudo sozinha; para registro, isso deve ser classificado como mentira, pois impede o receptor da informação de ver todos os lados. Por exemplo, uma criança pode dizer que colocou sorvete no congelador, mas não menciona que o tirou mais tarde de onde saiu mais tarde, em vez de contar-lhe todos os fatos, como retirá-lo mais tarde e comê-lo mais tarde, quando perguntado por você quanto possível.

No entanto, a resposta deles não forneceu detalhes suficientes se sua pergunta fosse "Para onde foi o sorvete?"; independentemente de quão precisa sua história possa ter sido.

O problema de mentir com mentiras por omissão é que a maioria dos indivíduos que o utilizam não o considera uma mentira, portanto não sendo tão relutantes ou mostrando sinais típicos de alguém contando uma falsidade. Para compreender completamente por que alguém mente, precisamos conhecer sua motivação; as pessoas podem reter informações importantes por vergonha, culpa ou medo, mas como relutam em contar mentiras completas, pode ser mais fácil para os investigadores descobrirem a verdade se alguém deixar detalhes importantes de fora nas conversas.

Procure sinais de que alguém parece desconfortável ao discutir um assunto importante. Eles parecem vagos, fazem muitas pausas, evitam contato visual? Faça perguntas específicas para maior clareza para forçar as pessoas a tomar decisões conscientes sobre compartilhar ou não detalhes específicos, não sendo mais capaz de se esconder atrás de "Não estou mentindo", permitindo que você aprenda toda a verdade mais facilmente do que quando alguém mente livremente sem hesitação. Mesmo que alguém minta, seus sinais provavelmente serão mais fáceis de detectar em comparação com alguém que mente repetidamente sem hesitação.

Você já conheceu alguém que o deixou imediatamente desconfortável, mas não conseguiu identificar por que parecia desconfortável para você? Algo parecia errado na maneira como eles olhavam para você, mas não conseguia identificar exatamente o que? Eles deixaram você desconfortável, mas você não conseguiu entender por que eles pareciam assim? Se isso lhe parece familiar, o Capítulo 22 pode fornecer a solução: Adquirindo precisão ao fatiar fino.

"Algo não parecia certo." Você tentaria em vão explicar ao seu cônjuge por que não selecionou aquele dentista específico para procedimentos odontológicos ou por que recusou uma oferta de emprego impressionante.

Todos os dias entramos em contato com diversas pessoas; alguns que mal conhecemos e outros que deixam impressões duradouras. Você pode se lembrar de alguém que conheceu brevemente em um parque como sendo caloroso ou gentil, enquanto outro estranho pode se destacar como rude ou estranho.

Todos os nossos julgamentos iniciais são injustificados e devidos aos nossos próprios preconceitos? Talvez não! Talvez as primeiras impressões sejam importantes porque revelam algo sobre alguém que a nossa mente consciente simplesmente ainda não consegue compreender. Essa capacidade de fazer suposições rápidas, porém precisas sobre as pessoas, é conhecida como fatiamento fino.

As primeiras impressões ou julgamentos sobre a personalidade de alguém não acontecem apenas por acaso - na verdade, são criados pelo nosso subconsciente, processando informações muito mais rápido do que imaginamos! Por que alguns de nós podem fazer julgamentos melhores do que outros, você pergunta?

O que diferencia aqueles que fazem julgamentos precisos daqueles que não o fazem é a confiança que depositam em sua "intuição". Eles ouvem o que seu instinto lhes diz e desenvolvem essas habilidades por meio de um esforço consciente.

O fatiamento fino pode ser definido cientificamente como a capacidade de fazer julgamentos informados com base em pequenos pedaços de informação. Vários experimentos provaram que nossas conclusões sobre alguém são consistentes, independentemente de quanto tempo conversamos com essa pessoa - de cinco segundos ou cinco minutos![18] Nosso subconsciente observa traços mais sutis sobre essa pessoa, como piscar de olhos, posturas rígidas, sorrisos ou gestos que tendem a passar por nós sem que nossas mentes conscientes percebam.

Isso não pode ser incrível? Fazer suposições com precisão sobre alguém com base apenas em uma afirmação ou microcaracterística pode ser muito preciso.

Então, por que não temos sido adeptos da leitura mental das pessoas até agora? Principalmente devido à incapacidade de articular esses julgamentos. Não ter detalhes suficientes ao nosso alcance significa que esta descodificação não-verbal ocorre sem sequer nos apercebermos, dando assim tanta importância às primeiras impressões, apesar de não reflectirem a realidade, mas em vez disso agirem como sinais das nossas mentes subconscientes de que podem conter respostas para nós.

Como humanos, estamos programados para confiar apenas em nós mesmos dentro de certos limites. O preconceito negativo nos impede de confiar demais em nós mesmos. Você pode estar pensando: "Tudo isso parece ótimo; entretanto, se eu tivesse confiado mais em meu instinto, não teria comprado este livro!"

Eu entendo seu dilema; confiar no meu instinto muitas vezes me levou a um caminho de perdas no jogo! E embora eu não defenda deixar sua mente subconsciente guiar seus julgamentos, nossos cérebros são muito mais inteligentes do que imaginamos! Você sabia que nosso cérebro pode processar 11 milhões de bits de informação a cada segundo? No entanto, a nossa mente consciente só parece capaz de processar 40-50 bits. [19] Essa é uma lacuna enorme entre o que nosso cérebro pode realmente lidar e o que percebemos que ele pode lidar; embora possamos processar apenas 50 bits, nosso cérebro subconsciente já observou, deduziu e formou opiniões muito mais precisas do que qualquer coisa que nossa percepção consciente poderia nos fornecer.

Falando comparativamente, nosso subconsciente fez um excelente trabalho no processamento de informações; infelizmente, simplesmente não reconhecemos suficientemente os seus esforços. Imagine se confiássemos mais em nosso subconsciente para fazer julgamentos; nenhuma outra habilidade pode ser necessária para acessar o cérebro das pessoas!

Descobrir a arte de fatiar em fatias finas exige que reconheçamos nossos pensamentos subconscientes e interpretemos nossa intuição corretamente. Não enterre esses pequenos julgamentos que podem passar despercebidos. Ao rotular alguém, pergunte-se por que e pense mais: foi a mudança de peso de uma perna para outra ou mordeu o lábio antes de falar?

Por mais poderoso que seja o nosso subconsciente, ele também pode colidir com preconceitos conscientes e levar a algumas decisões infelizes. Portanto, nem todo mundo depende apenas de seu instinto ao tomar decisões - o poder potencial está dentro de todos nós, só precisa ser desbloqueado e explorado adequadamente.

O fatiamento fino envolve aprender mais sobre alguém com o mínimo de informações. Seus maneirismos, linguagem corporal, caligrafia e roupas revelam muito sobre eles se observados com cuidado e consciente do subconsciente. De acordo com o livro best-seller de Malcolm Gladwell, Blink, o fatiamento fino envolve explorar o "subconsciente adaptativo". Enquanto as mentes conscientes usam avaliações baseadas em evidências ao tirar suas conclusões sobre pessoas ou eventos com base apenas na observação consciente, o inconsciente adaptativo usa avaliações com, na melhor das hipóteses, pedaços muito pequenos de evidências como suas fontes.

À medida que praticamos e aperfeiçoamos esta arte de fatiar informações, nosso sucesso depende de sermos capazes de praticar e aprender com cada experiência que adquirimos. Ao acessar seu subconsciente e filtrar informações em vez de avaliações, você pode compreender melhor os outros e prever seu comportamento.

John Gottman, um respeitado psicólogo americano, conduziu uma pesquisa aprofundada envolvendo mais de 3.000 casais para desenvolver o que veio a ser conhecido como o "laboratório do amor". Através deste método de recolha e desagregação de informações, Gottman concluiu que era possível prever o futuro do casamento cortando em fatias finas os dados relevantes - não apenas reunindo todos eles, mas também compreendendo a sua relevância. Essa teoria se concentrava não apenas em coletar fatos, mas em determinar quais informações eram mais pertinentes.

E é exatamente isso que você deveria fazer também. Seu subconsciente receberá milhões de bits de dados, mas sua mente consciente deve agora decidir quais informações são importantes ou irrelevantes; aqui reside o valor do conhecimento fornecido em outras partes do livro; use suas ferramentas para discernir quais ações, palavras e indicadores precisam de seu foco e quais não são pertinentes para compreender melhor as pessoas.

A teoria de Gottman sugere focar em expressões faciais fugazes e diálogos que parecem triviais, sem chamar muita atenção para si mesmos. Embora não produza resultados imediatos, é necessária prática no reconhecimento de padrões - é necessário identificar pessoas que mentem, proteger bem as suas emoções ou esconder-se atrás de comportamentos extrovertidos - para que, à medida que o tempo avança, as suas mentes consciente e subconsciente se alinhem perfeitamente e permitam cálculos calculados. avaliações do que está dentro da mente de alguém. [23]

Às vezes, todos nós tentamos decifrar o que alguém quer dizer quando usa frases como "Não me importo" ou "Por que você acha que isso importa" ou "Estou bem"; podem parecer bombas-relógio que exigem que você descubra rapidamente suas verdadeiras intenções antes que qualquer dano duradouro seja causado aos relacionamentos! Você se pega desejando ter se inscrito naquele workshop de telepatia anos atrás!

Muitas vezes, uma interpretação pode ser difícil, especialmente quando não usam palavras para comunicar diretamente as suas ideias. As palavras são apenas parte da imagem - para salvar o navio, é preciso chegar ao fundo do oceano para localizar onde os monstros se escondem - é disso que se trata ler nas entrelinhas!

Ler nas entrelinhas é uma arte que pode salvar até os relacionamentos mais próximos. Requer compreensão que deixa pouco espaço para explicações e permite criar o ambiente ideal para diálogos significativos e produtivos. O significado muitas vezes está além das palavras - e é por isso que pontos finais, vírgulas e pontos de exclamação desempenham um papel tão essencial na comunicação de seu significado.

Os sinais que as pessoas emitem para revelar as suas verdadeiras emoções podem muitas vezes ser mal interpretados como gestos inocentes; mas estes sinais devem sempre ser levados a sério como indicadores de que o que as pessoas dizem tem um significado subjacente; por exemplo, palavras como "Quero estar sempre com você" podem parecer uma declaração de amor, mas quando combinadas com outras bandeiras vermelhas em um relacionamento incerto podem indicar abuso ou manipulação.

Como se pode esperar num ambiente habitado por mais de 8 mil milhões de indivíduos com os seus pensamentos e personalidades individuais, uma frase pode não significar o mesmo quando pronunciada por pessoas diferentes em vários contextos. Você deve ouvir com mais atenção para compreender o que a outra pessoa está tentando transmitir. De acordo com Gary Wong, um estimado investidor imobiliário e coach, temos dois ouvidos, mas apenas uma boca, por isso ouvir deve ter precedência sobre falar[23]. Tenha a mente aberta em relação ao que as pessoas estão lhe dizendo, ao mesmo tempo que entende profundamente quais são suas intenções ao falar sua língua.

Uma estratégia eficaz para ajudá-lo a ler nas entrelinhas é esperar um momento antes de falar. Apressar-se em responder pode significar perder tempo para entender o que realmente foi dito; e se o seu interlocutor fizer o mesmo, a sua mensagem poderá facilmente perder-se entre mal-entendidos e má comunicação.

Quando alguém usa frases como "não sei" ou "não tenho certeza", não se apresse em dar explicações assim que ele disser que não entende alguma coisa - em vez disso, dê-lhe espaço e avalie outros indicadores para obter ganhos. uma imagem mais completa de sua mensagem.

Ler nas entrelinhas exige ouvir atentamente e considerar o contexto, a personalidade e a situação ao ler uma história. Muitas vezes, um autor não comunica diretamente o que seus personagens estão tentando expressar, mas, em vez disso, fornece situações e pistas sobre o que pode estar acontecendo com eles - o leitor pode reconhecer facilmente esse indicador que o personagem está fornecendo.

Aqui está um trecho de uma história:

Suas palmas estavam suando enquanto ela olhava para o relógio pela quinta vez em uma hora, sabendo que ele chegaria por volta das 8. À medida que cada segundo passava cada vez mais perto das oito, ela podia sentir seus joelhos enfraquecerem e seus punhos apertarem com antecipação de sua chegada. .

"Querido", perguntou o marido do outro lado da sala. Ela respondeu simplesmente. "Estou bem; só estou com frio", foi tudo o que foi dito sem fazer contato visual com ele. Quando a campainha tocou, ela se agachou mais fundo no sofá, com o peito abraçando os joelhos, aguardando um encontro estranho entre o marido e o namorado.

A autora indicou que o caráter deles era perturbador, mas você deduziu isso da linguagem corporal dela e da passagem? Você percebeu quando ela disse: "Será uma noite longa e fria" que não se tratava apenas de clima? Provavelmente, isso aconteceu naturalmente porque um autor chama sua atenção diretamente para como um personagem responde em cada parágrafo do texto.

Interagindo com pessoas reais, no entanto, muitas vezes é difícil identificar exatamente o que está acontecendo, mesmo que algo pareça errado. Confie nos seus instintos; mesmo que a fonte não seja clara à primeira vista. Faça uma nota mental para revisitar o que foi dito - por exemplo, se um de seus irmãos ou amigos próximos mencionar casualmente que estará em casa às seis como "Sam fica preocupado se eu chegar atrasado".

Não importa o quão casual a conversa possa parecer, algo parece estranho. Talvez fosse sua maneira de verificar constantemente o tempo ou seu tom apressado; ou podem ser simplesmente palavras escolhidas sem consideração pelo contexto ou tom.

"Tenho que voltar para casa" parece mais um ultimato do que uma expressão de preocupação, o que pode indicar que ela está em um relacionamento pouco saudável com o parceiro; talvez nenhum dos dois tenha consciência do abuso emocional que sofrem sob o nome de amor e carinho. Ser capaz de detectar o que a outra pessoa tentou comunicar nos permite ver além do que foi comunicado diretamente.

Concentre-se no que não foi dito – os silêncios e as pausas – para obter mais compreensão. O silêncio pode falar muito; por exemplo, se o seu filho de repente ficou em silêncio quando questionado sobre o seu dia na escola; da mesma forma, se as palavras que decidiram não falar podem indicar problemas aos quais vale a pena prestar atenção durante outros aspectos da comunicação. Você pode aplicar essa mesma estratégia ao interagir com qualquer pessoa com quem deseja obter uma visão mais profunda.

Quais questões ou tópicos eles evitam discutir; quando fazem pausas muito longas entre falar; o tom deles muda ao discutir certas pessoas ou eventos; essas observações ajudam você a entendê-los melhor como indivíduos, bem como a compreender as palavras faladas com maior profundidade.

Assim como quando falamos com crianças sobre a escola, quando nos comunicamos com pessoas que não compartilham informações prontamente ou que preferem usar vocabulário obscuro. Suas perguntas e respostas devem ser estruturadas cuidadosamente para máximo impacto e eficiência.

Certifique-se de fazer tudo isso no contexto; sempre esteja atento à situação, ao ambiente e às circunstâncias ao observar alguém. Tenha cuidado se alguém parecer distante devido à distração do ambiente. Ou podem ficar em silêncio durante conversas sobre determinados acontecimentos - não porque queiram esconder alguma coisa, mas sim devido ao desinteresse ou à distração do que estava sendo discutido.

Assim como compreender outra pessoa requer tempo, consistência e compreensão, compreender o que alguém diz nas entrelinhas também exige. Dissecar cada palavra e silêncio a cada momento serviria apenas para confundir ainda mais as coisas; você só precisa estar presente e atento ao ouvir e revisar mentalmente tudo o que ouve antes de tirar conclusões sobre suas possíveis interpretações.

O público do TedTalk não apenas testemunha ideias brilhantes apresentadas no TedTalk. Os motivadores e influenciadores que têm sucesso não são necessariamente aqueles com grandes pensamentos; são aqueles que sabem como apresentá-los de forma eficaz - através da prática do tom e do tom, da estrutura categórica dos discursos ou mesmo da utilização da cobertura mediática para obter o máximo efeito. Falar em público envolve dominar como você diz as coisas, em vez de considerar apenas o que precisa ser dito. Oradores públicos aprendem a arte da persuasão para conquistar seu público.

Oradores públicos costumam empregar padrões de fala para estruturar seu conteúdo e obter o efeito máximo. A seleção desses padrões depende dos tópicos, do público e do objetivo principal do seu discurso - em outras palavras, as conversas devem servir ao seu verdadeiro propósito, se esse for o seu objetivo! Ao falar com alguém novo, certifique-se de que seu objetivo esteja claro para que você possa manter o foco ao monitorar as respostas deles - a leitura de pessoas não deve envolver a coleta de detalhes irrelevantes sobre outras pessoas.

Acelerar

Um estudo conduzido pelo Instituto de Pesquisa Social da Universidade de Michigan examinou 1.400 tentativas de pessoas que ligaram para tentar persuadir as pessoas a participar de uma pesquisa, usando uma chamada telefônica por pessoa e por tentativa de persuasão. [24] Os resultados indicaram que aqueles que falavam muito rapidamente sem pausa não tinham sucesso em convencer os outros; os pesquisadores examinaram a fluência, a velocidade de fala e o tom dos interlocutores ao tentar convencer os outros; os persuasores bem-sucedidos incluíam pessoas que falavam cerca de 3,5 palavras por segundo — uma velocidade moderadamente rápida para persuadir outras pessoas; [26]

Faça as pausas certas

Para obter o máximo de influência ao tentar influenciar alguém, quatro ou cinco pausas por minuto são o ideal ao tentar influenciar alguém. Essas pausas permitem que a outra pessoa considere sua mensagem antes de responder e mostre seu respeito pelos pensamentos e crenças dela, sem medo de permitir que as opiniões dela sobre suas descobertas se desenvolvam ao longo do tempo - aumentando assim a confiança entre você e ela.

A prosódia (a ênfase, a entonação da fala e o ritmo) é um elemento integrante da apresentação eficaz da fala, mas o excesso de prosódia pode sair pela culatra e sair pela culatra. O que dizemos pode ser percebido de forma diferente dependendo da forma como é transmitido - portanto, usar o tom e o ritmo de maneira adequada garante que o que você diz é transmitido exatamente como pretendido; demais pode deixar um público desconfiado em suas mãos; tente não parecer animado ao elaborar frases.

Use padrões de fala para o sucesso
Existem diferentes padrões de discurso que podem ser empregados, dependendo de seus objetivos ao falar publicamente, com diferentes escolhas impactando o sucesso de sua mensagem. Abaixo estão alguns padrões populares de discurso de oradores públicos ao criar discursos.

Abordagem tópica ou lógica: Ao transmitir várias ideias relacionadas, organizar as informações de forma lógica para que fluam de um tópico para outro sem parecer que você está pulando entre os tópicos sem fornecer argumentos convincentes costuma ser a melhor abordagem.

Cronológico: A organização cronológica da informação funciona melhor quando os dados precisam seguir uma progressão ordenada, como contar uma história. Se você quiser falar sobre o resultado de um projeto, por exemplo, estruturar os eventos em ordem cronológica para maior clareza proporcionará maiores benefícios.

Causa e Efeito: Como o próprio nome indica, essas informações seriam apresentadas por meio de relações de causa-efeito. Por exemplo, ao discutir problemas no trabalho, começar por explicar a sua causa e depois descrever como tem impacto na produtividade pode servir como efeito.

Problema e Solução: Semelhante à causa e efeito, problema e solução são usados como um meio eficaz de persuadir outros a tomar as ações necessárias para resolver problemas específicos. É um método eficaz para convencer os ouvintes sobre a melhor forma de resolver qualquer desafio ou obstáculo.

Os padrões de fala podem ajudar a comunicar ideias e pensamentos com clareza. As pessoas gostam de ouvir padrões familiares que reconhecem e tendem a aceitar com mais facilidade; informações desorientadas muitas vezes resultam em desconfiança entre as partes envolvidas, portanto, investir tempo na forma como você transmite sua mensagem aumentará a credibilidade e a influência sobre as pessoas.

Utilizar um padrão de fala eficaz é fundamental para fornecer informações de fácil digestão e aumentar sua influência sobre alguém. Seu alvo irá vê-lo como um indivíduo autoritário e lógico em quem ele pode confiar mais e com quem se abrir mais livremente sobre suas idéias e sentimentos.

Freqüentemente, formamos conexões fortes com alguém com base apenas em como essa pessoa nos faz sentir. "Não sei por que contei tudo isso; normalmente sou menos aberto.

O que exatamente é "vibe" e como isso pode me ajudar a me conectar com alguém? Simplificando, vibração é simplesmente uma boa energia que pode ter uma influência positiva. Não há necessidade de fazer afirmações ou balançar a cabeça incontrolavelmente; tudo o que é preciso para se conectar é uma boa vibração onde quer que você vá!

Basta perguntar a qualquer palestrante motivacional ou guru de desenvolvimento pessoal e eles recomendarão cercar-se de afirmações positivas sobre seus objetivos. Embora possa parecer redundante no início, a energia positiva logo se infiltra e afeta a todos nós de uma forma ou de outra!

Esse é exatamente o efeito que a energia ou vibração positiva tem sobre outras pessoas. Saber que alguém está aceitando suas ideias sem críticas permite que ele se abra para você sem questionar, dando-lhe acesso à mente dele sem que sejam levantadas dúvidas! Tudo isso é possível quando as pessoas ao seu redor trazem consigo energia positiva - a boa energia não pode ser falsificada, ela só pode ser detectada. Atitudes positivas se espalham rapidamente — todo mundo adora conversar com pessoas que sempre veem o lado bom! E com estas dicas e estratégias para construir essa vibração positiva ao seu redor:

Continue olhando para o lado bom

Como se costuma dizer, suas respostas ao que acontece com você determinam o resultado. Em vez de lamentar que alguém seja chato para você, aproveite esta oportunidade para explorar maneiras pelas quais essa pessoa pode pensar diferente de você e criar interações significativas. Focar negativamente apenas traria mais negatividade sua, que os outros reconheceriam imediatamente.

Se você não sente, não finja

Dizer que você ama cachorros pode soar vazio; ter a mente aberta o suficiente para aceitar diferentes pontos de vista sem forçar o acordo entre os outros; quando as pessoas perceberem que você aceita o direito delas a um ponto de vista oposto, em vez de fingir que gosta ou concorda, sua resposta será muito mais positiva e receptiva a essas diferenças.

Pratique a gratidão

Quer saber como a gratidão pode melhorar os relacionamentos? Começando e terminando cada dia sendo grato por tudo o que a vida nos oferece e honrando aqueles que você encontra diariamente, como líderes de equipe ou irmãos, lembrando-se de

expressar apreço por eles sempre que interagir. Sua prática diária de ser grato pode até
trazer energia positiva ao interagir com eles!

Descubra a negatividade

Infelizmente, todos nós às vezes podemos experimentar um acúmulo de pensamentos
negativos sem perceber. Este é particularmente o caso quando associamos certas pessoas
a memórias negativas; por exemplo, se alguém fez um comentário ofensivo na última vez
que você interagiu com essa pessoa, pode trazer à tona lembranças desagradáveis que
perduram por muito tempo após o término da interação. Tente substituir memórias
negativas por outras mais otimistas para criar um ambiente otimista.

A meditação oferece a todos nós uma oportunidade inestimável de relaxar, descontrair
e nos sentir ancorados. A meditação oferece uma maneira maravilhosa de liberar qualquer
energia negativa ao seu redor e avaliar que tipo de impacto suas ações estão causando nas
pessoas em sua esfera de influência. Além disso, praticar práticas meditativas como a
atenção plena ou a espiritualidade pode aprofundar as conexões com o eu interior e
promover uma paz mais profunda.

A Natureza Tem Poderes Curativos

Estar ao ar livre tem tremendas propriedades curativas! Rodeado pelas ondas do mar,
as vistas do topo da montanha ou os sons das margens do rio podem fazer maravilhas
para nos ajudar a relaxar e a nos curar por dentro. Passar um tempo fora de casa provou
ser eficaz para tornar as pessoas menos amargas e mais positivas - fazer uma pausa
necessária enquanto refletimos e relaxamos conosco e com os outros é essencial para
garantir que continuemos pessoas felizes!

A energia positiva em suas comunicações pode ter um efeito cascata sobre os outros e
incentivá-los a se abrirem mais livremente e a serem honestos em suas comunicações com
você. O medo de julgamentos, decepções ou raiva pode fazer com que as pessoas se
fechem ou mintam para evitar parecerem hostis; proporcionar uma atmosfera confortável
e boa energia ajuda as pessoas a relaxar, para que possam reavaliar como percebem você e
o quanto de si mesmas estão revelando por meio de uma conversa.

Como alguém pode ler a mente de alguém ao se comunicar por meio de e-mails ou conversas telefônicas cuidadosamente elaboradas? Ou detectar quando alguém está mentindo enquanto fala ao telefone? Da mesma forma, como você pode interpretar a comunicação nas entrelinhas, como o WhatsApp, que depende muito de "emojis" selecionados?

A comunicação digital nos oferece muitos benefícios; podemos alcançar pessoas em todo o mundo sem sair dos nossos sofás, ao mesmo tempo que as suas limitações podem limitar a eficácia com que nos conectamos. No entanto, com os avanços no desenvolvimento pós-Covid, aprendemos como nos conectar de forma mais eficiente. Os alunos se mostraram mais atentos nas aulas on-line do que nas presenciais, pois não conseguiam seguir o olhar do professor - sem saber quem ele estava assistindo na tela do computador! No entanto, a tecnologia ainda tem um longo caminho a percorrer antes de poder igualar o calor humano e a intimidade do contato humano individual.

Descobrir alguém pode ser um desafio quando você não tem toda a atenção dele; dormindo, comendo ou no meio de uma multidão. Na maioria dos casos, você nem saberá se o alto-falante está ligado durante as videochamadas ou lendo textos completos antes de responder - dificultando a compreensão das pessoas nessas plataformas digitais; no entanto, existem técnicas que você pode usar para interpretar com precisão o que alguém está tentando comunicar.

Ouça, já posso ter mencionado isso várias vezes, mas lançar críticas e conflitos no ciberespaço pode ser mais fácil do que comunicar-se diretamente com alguém. Embora suas divergências possam não parecer tão graves quando feitas por mensagem de texto, elas ainda limitam nossa capacidade de ouvir, ler ou compreender uns aos outros.

Esteja atento aos indicadores

Não importa onde uma pessoa esteja, seu tom, escolha de palavras e ambiente podem se tornar indicadores de como sua mente funciona. Por exemplo, quanto tempo alguém leva para responder aos e-mails? Ou respondendo rapidamente por mensagem de texto? Ou a voz deles tem algum senso de urgência? Prestar um pouco de atenção pode nos fornecer informações valiosas sobre eles!

Mantenha uma abordagem calibrada

Pode ser difícil ler as pessoas cara a cara e ainda mais na tela, o que torna ainda mais difícil interpretar mal o tom, a escolha de palavras ou as pausas. Podemos interpretar mal o seu texto quando temos disponíveis indicadores limitados. A comunicação face a face nos permite estabelecer uma representação precisa de um indivíduo com base em vários aspectos, como expressões faciais, linguagem corporal e "vibração" geral. Ao se comunicar por telefone ou por mensagem de texto com outras pessoas, certifique-se de não tirar conclusões precipitadas com dados limitados. Preste atenção ao que está sendo dito e faça perguntas quando necessário para maior clareza. Se surgirem suposições durante a conversa, questione se há dados suficientes disponíveis para fazer observações precisas.

Como posso identificar um mentiroso por telefone ou SMS

A detecção de mentiras requer habilidades de observação aguçadas; mas com muitos dos indicadores usuais ausentes em uma mensagem de texto SMS ou conversa por e-mail, os detectores de mentiras fornecem dados suficientes que permitem uma detecção precisa nessas plataformas digitais. Aqui estão alguns indicadores de que alguém está mentindo para você por escrito:

Alguém que conta mentiras pode parecer desorganizado e difícil de definir com um enredo, mudando constantemente de assunto na tentativa de obscurecer ou disfarçar a verdade. Eles podem tentar complicar demais as coisas ou inventar afirmações falsas que não fazem sentido; uma forma de detectar essas mensagens por meio de mensagens de texto poderia ser procurar parágrafos longos de texto que não fornecem clareza sobre um tópico no contexto; se fosse verdade, você não precisaria ler novamente para descobrir o que realmente aconteceu.

Eles estão enfatizando demais informações desnecessárias ou evitam responder a perguntas específicas

Se alguém lhe fizer uma pergunta que exija uma resposta direta, você sempre poderá evitar responder recusando. Digamos, por exemplo, que você perguntou ao seu parceiro onde ele estava, mas não recebeu resposta; quatro horas depois, eles enviam uma mensagem para você explicando que a bateria deles havia acabado, mas ainda dizem onde estão naquele momento - isso constitui mentira por omissão, pois eles estão dizendo a verdade naquele momento, mas optaram por não responder quando a pergunta foi feita pela primeira vez; além disso, eles podem tentar fornecer respostas excessivamente complicadas para tentar evitar responder diretamente e atrapalhar completamente a conversa.

Ninguém está respondendo

Já se foi o tempo em que enviar uma mensagem era como atirar pedras no oceano sem saber quando ou se chegaria ao destinatário; agora sabemos exatamente quando nossa mensagem chegou, quando foi visualizada e se está ou não "online". A maioria dos aplicativos de mensagens exibe reticências (...) quando alguém está digitando sua resposta, então sabemos que podemos esperar uma a qualquer segundo!

Muita informação As pessoas tendem a oferecer explicações. Comeu o sanduíche do seu colega de trabalho no trabalho? Provavelmente, você ofereceria uma explicação, possivelmente de até quinze minutos, sobre por que isso aconteceu. Da mesma forma, quando contamos mentiras, tendemos a usar o exagero nas nossas respostas, a fim de esconder o que queremos que as pessoas acreditem que está acontecendo; alguns indivíduos criam regularmente textos longos, mas se as respostas se tornarem invulgarmente longas, isso pode ser uma prova de que estão a fornecer explicações sobre uma informação que decidiram não revelar.

Imagine estar envolvido em uma discussão textual em que ambas as partes expõem seus respectivos lados, construindo respostas extensas até que você faça uma pergunta e a conversa mude abruptamente de uma resposta para outro tópico. Nesse caso, a tentativa de estarem ocupados pode indicar a intenção de interromper a conversa e passar para algo totalmente diferente.

"Você foi para a casa dela depois que eu pedi para não ir?"

Ela pareceu surpresa. É incrível como há pouca confiança entre nós! Infelizmente não tenho tempo para isso agora, pois há roupa para lavar; falo com você mais tarde... Tchau."

Aqui você tem tudo – todas as ferramentas necessárias para entender as pessoas. Com o seu guia sobre as pessoas em mãos, você poderá obter um conhecimento profundo de por que as pessoas falam como falam, se comportam de determinadas maneiras e dizem o que dizem - desde características de personalidade e estilo de comunicação até influenciadores que as moldam; todo esse conhecimento está ao seu alcance, mas entender alguém ainda pode exigir tempo, esforço e um pouco de adivinhação!

A mente é uma estrutura complexa e para decifrá-la é preciso continuar compreendendo sua complexidade. Mesmo depois de conhecer alguém há anos, pequenos conflitos ou desentendimentos podem tornar mais difícil ouvir objetivamente o que essa pessoa diz.

Por isso, muitas vezes enfatizo a importância da prática e da observação quando se trata de compreender as pessoas. Você deve exercer controle sobre seus próprios pensamentos e, ao mesmo tempo, mostrar grande adaptabilidade ao ler as crenças e estilos de comunicação de outras pessoas, a fim de interpretar suas palavras corretamente. Aqui está um esboço e um lembrete de tudo o que você deve trazer sempre que pretender compreender alguém e desvendar as complexidades de sua linguagem tácita.

Esteja mentalmente pronto para ler as pessoas

Cada vez que você conversar com outra pessoa, faça um inventário de si mesmo. Faça a si mesmo algumas perguntas-chave, como: * Já formei alguma opinião sobre eles? ou >> Existem preconceitos e preconceitos com os quais preciso ter cuidado?

* Sou mental e emocionalmente capaz de tentar compreender alguém? * Que aspectos devemos ter em mente ao tentar ler alguém?

*Que fatores externos poderiam influenciar meu julgamento? Perguntar dessa forma permitirá que você se aproxime dos outros sem preconceito ou julgamento. Para observar as pessoas de perto, esteja atento - liberte a sua mente de outras tarefas e pensamentos para se concentrar na observação daqueles que lhe interessam sem tomá-los como garantidos - observe atentamente a sua linguagem corporal, expressões faciais e palavras enquanto ouve atentamente e sem preconceitos.

Passe algum tempo estudando pessoas O domínio de qualquer arte exige tempo e dedicação. Ler pessoas requer estudo contínuo para fazer avaliações precisas sobre pessoas de diversas origens. Para fazer isso corretamente, é necessário observar muitos indivíduos de diversas personalidades em toda a sociedade, a fim de formar julgamentos precisos sobre eles. A leitura humana deve ser abordada de forma holística. Embora fosse bom entender o que seu chefe pensa ou que mensagem seu parceiro está tentando enviar para toda a sala, para fazer isso de maneira adequada é necessário compreender padrões, comportamentos e motivações de todas as pessoas com quem você entra em contato. Para esta tarefa, é necessário ser capaz de reconhecer esses padrões através da observação de múltiplos indivíduos. Leve essa habilidade em consideração ao lidar com passageiros públicos ou ao conversar com vendedores em lojas de departamentos, ou mesmo com cabeleireiros.

A prática leva à perfeição, pois quanto mais você identificar e identificar pessoas de vários tipos de personalidade e estilos de conversação para transmitir suas mensagens de maneira eficaz. Além disso, a prática permitirá que você se livre de preconceitos e preconceitos e observe as pessoas sem fazer julgamentos precipitados sobre seu caráter ou situação de vida. As habilidades de leitura de pessoas são um trunfo indispensável para o crescimento pessoal e profissional, ajudando você a compreender melhor as pessoas e suas motivações. Reconhecer que o volume alto de alguém pode não ser causado por uma fala agressiva, mas por morar com um avô idoso com perda auditiva pode lhe dar uma nova perspectiva. Ouvir atentamente quando as pessoas falam, fazer perguntas relevantes sobre elas e mostrar interesse em suas histórias ajudará você a construir relacionamentos significativos tanto profissionalmente quanto pessoalmente. Gastar tempo para conhecer pessoas renderá dividendos tanto no trabalho quanto fora dele!

Paciência e atenção são sempre necessárias
Aprender a tricotar pode ser assustador. A prática leva à perfeição, assim como inúmeras tentativas de tricotar mantas até que cada nó esteja perfeito - mas uma vez que a tarefa real de tecer cada nó entra em foco, você se torna consciente de toda a paciência, atenção e dedicação necessárias para fazer uma amostra de tecido após o outro. Na mesma linha, prestar muita atenção pode parecer fácil na teoria, mas às vezes é difícil quando se trata de se comunicar com pessoas de quem você discorda veementemente ou ao observar a linguagem corporal de alguém que você considera desinteressante - ambas as tarefas exigem prática se quiserem resultados adequados!

Paciência e atenção podem ajudá-lo a superar esse desafio e ganhar experiência conhecendo e compreendendo pessoas de diferentes pontos de vista. Somente quando você escuta pacientemente alguém de quem discorda é que aprenderá a observar e ler as pessoas além das limitações pessoais.

Seja autêntico e vulnerável Faça anotações mentais ao testemunhar alguém se distanciar no meio de uma conversa. As pessoas podem detectar hostilidade e julgamentos rapidamente; eles sabem quando alguém está tentando pisar em ovos ao seu redor. Não espere que alguém se abra com você sentando-se atrás de um sobretudo com uma lupa enquanto tenta ser formal ou frio com ele; para alguém se abrir com você, ele deve se sentir seguro o suficiente para se abrir com liberdade e segurança para você.

Tenha a mente aberta ao fazer seus julgamentos

Este assunto foi abordado com bastante frequência, já que fazer julgamentos e avaliações rápidas sobre as pessoas com base em preconceitos e preconceitos é o principal fator para que elas se fechem ou para que você faça avaliações inadequadas com base nelas. Pratique adiar julgamentos ou conclusões ao observar alguém. Tenha cuidado se seus pensamentos iniciais incluem pensar que alguém dançando na rua está tentando chamar a atenção - pare imediatamente! Por exemplo, se eles parecem felizes dançando e você pensa que "eles gostam de chamar a atenção", pare imediatamente antes de concluir o que pode estar acontecendo - ou pense que eles apenas gostam de ser notados e fazer suposições com base em suposições.

Neste ponto, deveria estar evidente que aprender a ler as pessoas é uma jornada de autodescoberta e avaliação; você percebe isso ao perceber que também se trata de descobrir mais sobre VOCÊ, tanto quanto sobre a outra pessoa. Fazer isso nos ajuda a reconhecer as limitações dentro de nós mesmos, para que possamos criar conexões mais profundas e significativas uns com os outros, dando-nos, em última análise, uma visão sobre suas motivações, aspirações e, o mais importante, pensamentos.

Entenda por que é o início de toda jornada. Não importa se é uma faculdade de administração, uma faculdade de medicina ou uma faculdade de direito – tudo começa primeiro respondendo a esta pergunta – por que as coisas ocorrem como acontecem. Depois que essa pergunta for respondida, todo o resto se encaixará organicamente. A leitura de pessoas tem tudo a ver com responder a esta questão de comunicação e, uma vez respondida, pode abrir todo o tipo de possibilidades e remover barreiras de preconceitos e falhas de comunicação. Compreender alguém leva a relacionamentos mais fortes. A comunicação qualificada irá atendê-lo em todas as interações da vida. Desde comandar um membro da equipe ou convencer os pais sobre suas aspirações, até compreender as motivações e caminhos de pensamento de outra pessoa - conhecer as motivações do seu alvo lhe dá a oportunidade de ser ouvido e respeitado. Que vantagem você encontrou! Cada página deste livro foi como abrir uma caixa cheia de mistérios relacionados ao comportamento humano - só que este livro fornece apenas vislumbres! Os humanos não tendem a se enquadrar nas categorias preto ou branco - eles vêm em todos os tipos de tons! Provavelmente, a cada dia que passa você descobrirá mais e mais sobre as pessoas que moram com você. As suas reações podem diferir dependendo das experiências de vida, emoções e influências ambientais - para compreendê-las, é melhor estar atento a estas mudanças e adaptar-se em conformidade.

Portanto, agora é mais fácil do que nunca reconhecer essas mudanças, desde mau humor e pessoas negativas, até mentiras e dificuldade em comunicar emoções. Use-o com sabedoria e responsabilidade – o mundo precisa de você! Empregue essas teorias no trabalho e com aquelas que você valoriza, porque as árvores ainda precisam do calor do sol e dos nutrientes de um solo bom para sobreviver. A compreensão é necessária para sermos compreendidos, e precisamos estar sintonizados com a forma como as pessoas pensam para que possamos proteger os seus interesses e, ao mesmo tempo, compreender os nossos. Que você sempre use a leitura com sabedoria como forma de aprofundar e nutrir relacionamentos significativos.

O FIM